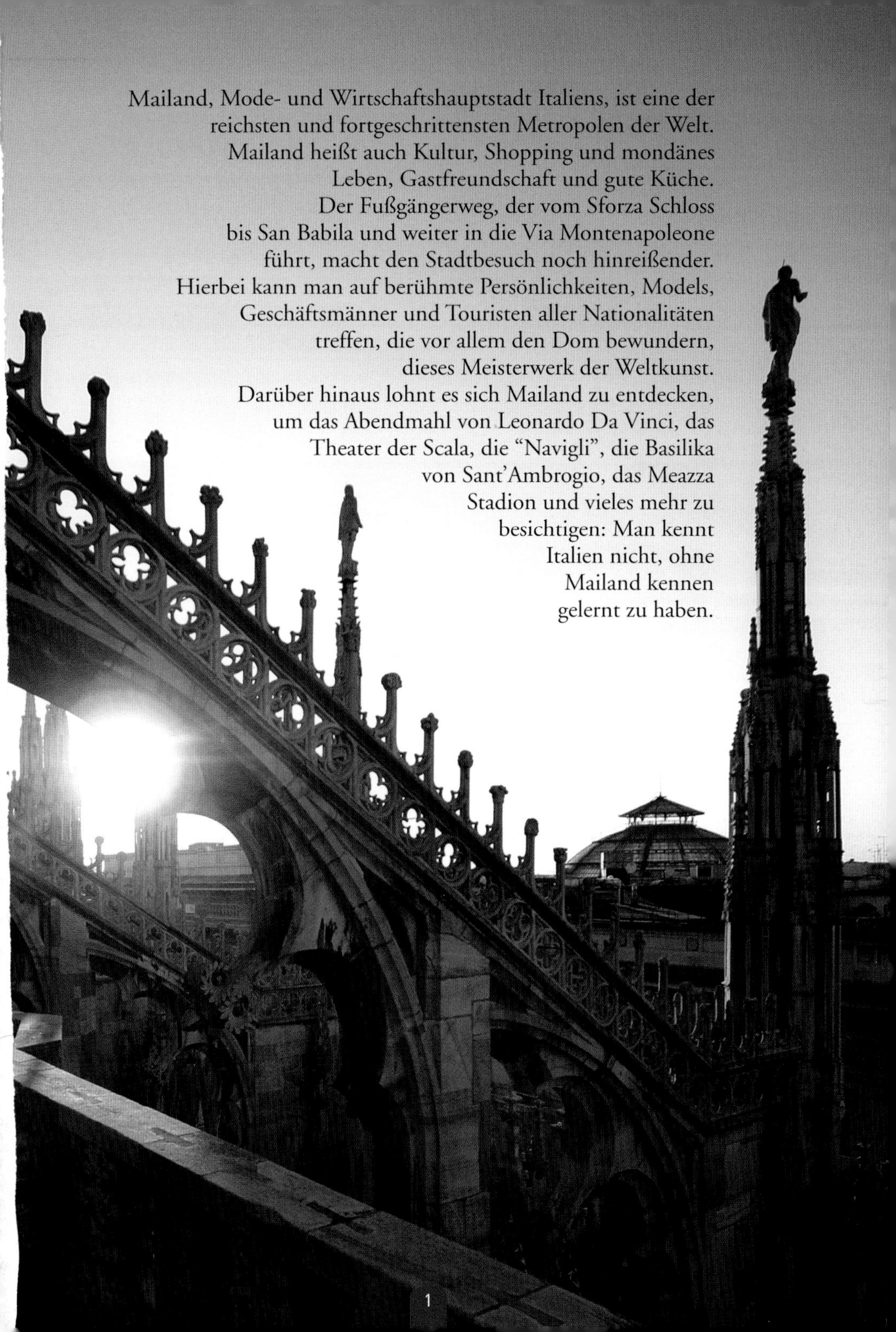

Mailand, Mode- und Wirtschaftshauptstadt Italiens, ist eine der reichsten und fortgeschrittensten Metropolen der Welt.
Mailand heißt auch Kultur, Shopping und mondänes Leben, Gastfreundschaft und gute Küche.
Der Fußgängerweg, der vom Sforza Schloss bis San Babila und weiter in die Via Montenapoleone führt, macht den Stadtbesuch noch hinreißender.
Hierbei kann man auf berühmte Persönlichkeiten, Models, Geschäftsmänner und Touristen aller Nationalitäten treffen, die vor allem den Dom bewundern, dieses Meisterwerk der Weltkunst.
Darüber hinaus lohnt es sich Mailand zu entdecken, um das Abendmahl von Leonardo Da Vinci, das Theater der Scala, die "Navigli", die Basilika von Sant'Ambrogio, das Meazza Stadion und vieles mehr zu besichtigen: Man kennt Italien nicht, ohne Mailand kennen gelernt zu haben.

Inhalt

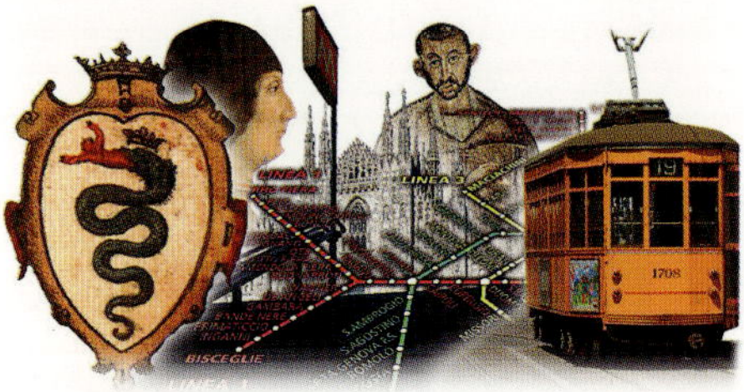

ANGABEN ZUR GESCHICHTE

Von der Gründung bis Sant'Ambrogio

Nach der vom Historiker Tito Livio überlieferten Tradition, wurde Mediolanum (antiker Name Mailands) um 600 v.Chr. durch die Gallier gegründet, welche sich in der Poebene ansiedelten, nachdem sie die Etrusker besiegt hatten. Im Jahre 222 v.Chr. wurde es von den römischen Legionen erobert und, dank seiner strategischen Lage, sehr wichtig während der Feldzüge von Julius Cäsar bei der Eroberung von Gallien in den Jahren von 58 bis 50 v.Chr. Von der römischen Epoche bleiben nur wenige Spuren, ausreichend jedoch um nachzuweisen, dass die öffentlichen Gebäude aus einer großen und blühenden Stadt stammen, welche 292 n.Chr. zur Hauptstadt des Römischen Reiches des Westens wurde. Hier machte der Kaiser Konstantin im Jahre 313 n.Chr. das berühmte "Abkommen Mailands" bekannt, ein für das Christentum bedeutsames Datum, da den Christen zum ersten Mal in der Geschichte Glaubensfreiheit gewährt wurde.
Sant'Ambrogio wurde 330 n.Chr. in Treviri geboren, und, nachdem er in Rom sein Studium abgeschlossen hatte, wurde er als Statthalter nach Mailand gesendet. Hier wurde er vom Volk als Bischof gefeiert und wurde zu einer der wichtigsten politischen Figuren seiner Zeit. Nach seinem Tod im Jahre 397 wurde er zum Schutzpatron der Stadt erklärt, welche sich inzwischen zum einflussreichsten Mittelpunkt des Christentums entwickelt hatte. Mit dem Niedergang Roms im Jahre 476 n.Chr. wurde auch Mailand, so wie ganz Europa, von Barbaren geplündert, und stürzte somit ins Chaos und zerfiel.

1 – Statue des Kaisers Konstantin vor der Basilika von San Lorenzo

2 – Basilika von Sant'Ambrogio

Vom lombardischen Bund bis zur spanischen Herrschaft

Ab dem 8. Jahrhundert begann ein langsamer Aufschwung mit der Herrschaft der Nachfolger von Karl des Großen und im Jahre 1176 besiegte ein starkes, den lombardischen Bund führendes Mailand definitiv den deutschen Kaiser Federico Barbarossa, indem sich die Stadt die Hauptrolle, die sie zuvor hatte, wieder aneignete. Im 14. Jahrhundert wurden eine neue Stadtmauer und ein Schifffahrtskanalsystem gebaut, welches noch heute unter dem Namen "Navigli" die Physiognomie der Stadt bestimmt. Es wurde auch der erste Stein des Doms (1386) angelegt, welcher erst 5 Jahrhunderte später beendet werden sollte.

Am Ende des 13. Jahrhunderts begann sich die Familie der Visconti durchzusetzen, auf welche in der Mitte des 15. Jahrhunderts die Sforza folgten. Diese brachten berühmte Persönlichkeiten wie Leonardo Da Vinci und Donato Bramante nach Mailand und begannen mit dem Bau des Sforza Schlosses, der Kirche von Santa Maria delle Grazie und des Krankenhauses (heute die staatliche Universität), indem sie aus Mailand eines der wichtigsten Kulturzentren des europäischen Rinascimento machten.

Im Jahre 1535 begann jedoch die repressive Zeit der spanischen Herrschaft, welche 170 Jahre andauern sollte.

Die Lage wurde zusätzlich noch schwerer durch Pestwellen, die die Bevölkerung dezimierten. Die dramatischste war die Pest aus dem Jahre 1630; sie wurde im berühmtesten Roman der italienischen Literatur "Die Verlobten" von Alessandro Manzoni beschrieben.

3 – Sforza Schloss

4 – Das Krankenhaus, bekannt als Ca' Granda

Von Napoleon Bonaparte bis zur italienischen Einheit

Die auf die Spanier nachfolgenden Österreicher begannen Anfang des 18. Jahrhunderts mit einer Epoche des starken Wiederbeginns, vor allem während der Zeit von Maria Teresa. Es wurde die Akademie Brera gegründet und das Scala Theater, der Königliche Palast, die Königliche Villa und viele andere Gebäude in neoklassischem Stil wurden gebaut.
Die Französische Revolution 1789 und die darrauffolgenden Kriege brachten Mailand unter die französische Kontrolle von Napoleon Bonaparte, welcher aus ihr die Hauptstadt der zisalpinischen Republik machte, und somit die kulturelle und ökonomische Bedeutung der Stadt bekräftigte. Es war eine kurze Zeit intensiver ideologischer und künstlerischer Leidenschaft, welche der Stadt nicht nur große öffentliche Anlagen wie die Arena und die "Nuove Porte" gab, sondern auch die ersten Bebauungsplanungen festlegte. Auch der Dom wurde fertiggebaut; Napoleon wollte hier im Jahre 1805 zum König Italiens gekrönt werden.
Mit dem Niedergang von Bonaparte, im Jahre 1815, kehrte die österreichische Herrschaft zurück, was die Bevölkerung und das Bürgertum nicht gerade erfreute: Die Unzufriedenheit endete im Jahre 1848 mit einem im Blut unterdrückten Aufstand, bekannt als die "Cinque Giornate di Milano". Der Wunsch nach Unabhängigkeit und Einheit der italienischen Halbinsel wurde jedoch noch stärker und wenige Jahre später, 1861, brachte ein veränderter internationaler Hintergrund das Land zur politischen Vereinigung und zur Ausrufung des Italienischen Reiches.

1

2

1 – Statue von Napoleon in Brera

2 – Das Scala Theater

Von der Einheit bis heute

Mit der Einheit, öffneten sich für Mailand neue Handelswege und immer größere Märkte. Ziemlich bald wurde die Stadt im neuen Staat zu einem wichtigen Industriezentrum und lockte somit viel Handarbeit aus anderen Regionen Italiens an. Der neue Reichtum zog auch eine Großzahl an Banken an, die sich in der Altstadt nahe des Piazza Cordusio niederließen. Die Börse auf Piazza Affari wurde zu einem der wichtigsten Finanzzentren Europas.

1919 gründete Benito Mussolini in Mailand die faschistische Bewegung, welche in wenigen Jahren die Macht im ganzen Land ergreifen sollte, bis er im Jahre 1940, als Hitlers Alliierter, Italien in den Abgrund des Zweiten Weltkrieges stürzte.

Die Stadt zahlte einen hohen Preis und wurde stark von den englisch-amerikanischen Bombardierungen getroffen; sie stand jedoch auch im Vordergrund während des Befreiungskrieges von den Nazifaschisten und spielte eine wesentliche Rolle in dem Wiederaufbau der Nachkriegszeit.

Seitdem ist Mailand in kontinuierlichem Aufstieg und zeigt sich heute als das wichtigste italienische Zentrum in Sachen Handel, Finanzen, Design und Mode. Darüber hinaus darf man nicht die großen Kunstwerke vergessen, die aus der Stadt eines der beliebtesten Reiseziele des internationalen Tourismus machen.

Zwei unterschiedliche Epochen und zwei unterschiedliche Art und Weisen, die Architektur aufzufassen: eine lineare Architektur in der futuristischen Messe von Rho und eine mächtige, typisch für die Zeit des Faschismus; ein eloquentes Beispiel letzterer ist der Hauptbahnhof

U-Bahn

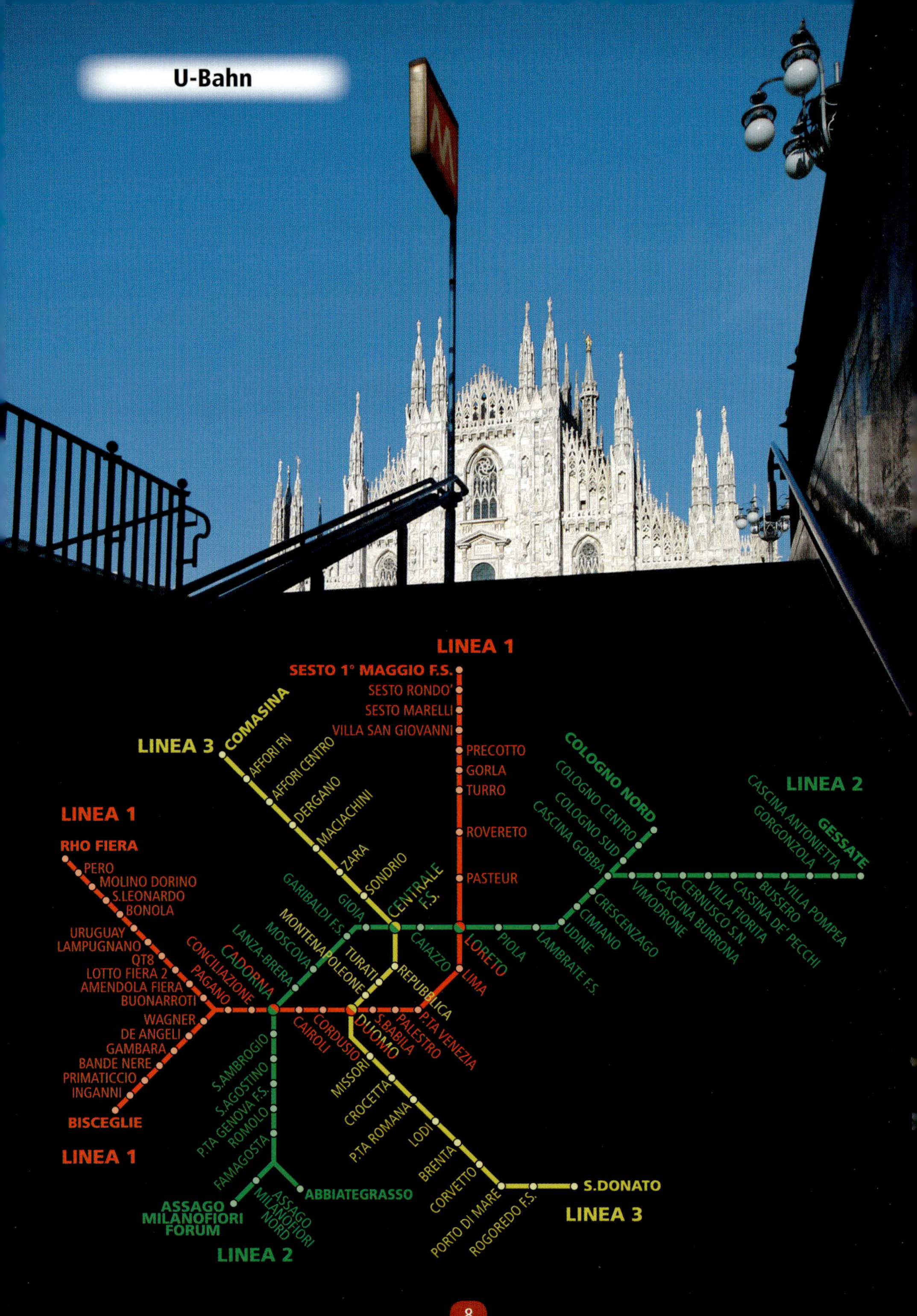
LINEA 1
SESTO 1° MAGGIO F.S.
SESTO RONDO'
SESTO MARELLI
VILLA SAN GIOVANNI
PRECOTTO
GORLA
TURRO
ROVERETO
PASTEUR
LINEA 3
COMASINA
AFFORI FN
AFFORI CENTRO
DERGANO
MACIACHINI
ZARA
SONDRIO
CENTRALE F.S.
GIOIA
GARIBALDI F.S.
MONTENAPOLEONE
MOSCOVA
LANZA-BRERA
TURATI
REPUBBLICA
CAIAZZO
LORETO
LIMA
PIOLA
LAMBRATE F.S.
UDINE
CIMIANO
CRESCENZAGO
VIMODRONE
CASCINA BURRONA
CERNUSCO S.N.
VILLA FIORITA
CASSINA DE' PECCHI
BUSSERO
VILLA POMPEA
GESSATE
GORGONZOLA
CASCINA ANTONIETTA
LINEA 2
COLOGNO NORD
COLOGNO CENTRO
COLOGNO SUD
CASCINA GOBBA
LINEA 1
RHO FIERA
PERO
MOLINO DORINO
S.LEONARDO
BONOLA
URUGUAY
LAMPUGNANO
QT8
LOTTO FIERA 2
AMENDOLA FIERA
BUONARROTI
CONCILIAZIONE
PAGANO
CADORNA
WAGNER
DE ANGELI
GAMBARA
BANDE NERE
PRIMATICCIO
INGANNI
BISCEGLIE
LINEA 1
CAIROLI
CORDUSIO
DUOMO
S.BABILA
PALESTRO
P.TA VENEZIA
S.AMBROGIO
S.AGOSTINO
P.TA GENOVA F.S.
ROMOLO
FAMAGOSTA
ASSAGO MILANOFIORI FORUM
ASSAGO MILANOFIORI NORD
ABBIATEGRASSO
LINEA 2
MISSORI
CROCETTA
P.TA ROMANA
LODI
BRENTA
CORVETTO
PORTO DI MARE
ROGOREDO F.S.
S.DONATO
LINEA 3

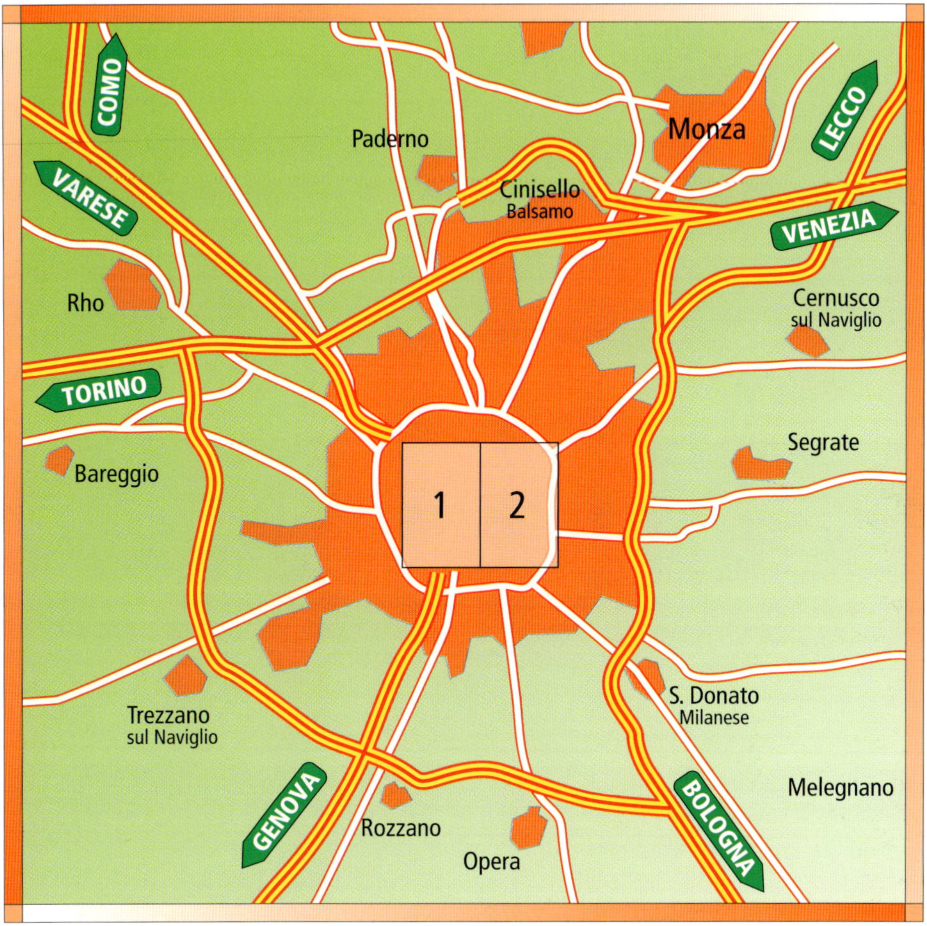

Gebiet und Bevölkerung

Mailand befindet sich im Herzen der Poebene und ist Hauptstadt der Lombardei, der, mit fast 10 Millionen Einwohnern, am meisten entwickelten und bevölkerten Region Italiens. Sie befindet sich 120 Meter über dem Meeresspiegel, hat eine Fläche von 182 km und durch sie fließen die Flüsse Olona, Lambro und Seveso, aber auch die künstlichen Kanäle wie der Naviglio Grande, der Naviglio Pavese, der Naviglio della Martesana, der Vettabbia und der Redefossi. Die Stadt hat zirka 1.300.000 Einwohner, 3.700.000 wenn man die komplette Provinz berechnet. Mailand ist der Knoten vieler wichtiger regionaler, nationaler und internationaler Straßennetze: Sie ist mit Turin, Genua, Bologna-Firenze, Brescia-Verona-Venedig, den Alpenstraßen der Valtellina, des Kanton Tessin und des Passo del Sempione verbunden. In der Umgebung Mailands befindet sich auch das wichtigste Flughafensystem Italiens, mit den Flughäfen von Malpensa, Linate und Orio al Serio, welche jährlich einen Verkehr von insgesamt 30 Millionen Reisender kontrollieren.

Plan 1

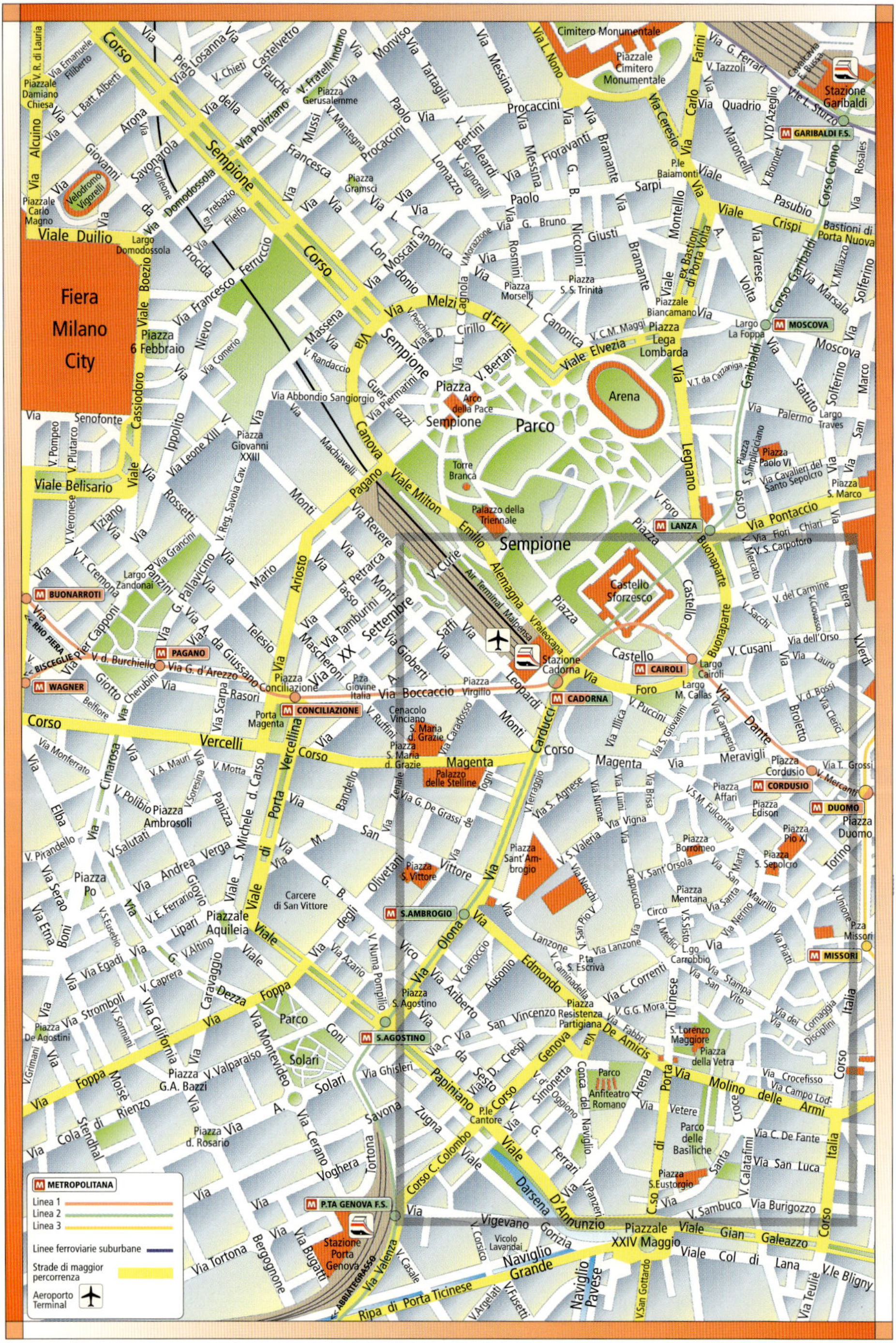

Fiera Milano City
Cimitero Monumentale
Piazzale Cimitero Monumentale
Stazione Garibaldi
GARIBALDI F.S.
Velodromo Vigorelli
Viale Duilio
Largo Domodossola
Piazza 6 Febbraio
Corso Sempione
Arena
Parco Sempione
Piazza Sempione
Arco della Pace
Torre Branca
Palazzo della Triennale
Castello Sforzesco
Stazione Cadorna
CADORNA
CAIROLI
LANZA
MOSCOVA
BUONARROTI
PAGANO
WAGNER
CONCILIAZIONE
CORDUSIO
DUOMO
Piazza Duomo
MISSORI
S.AMBROGIO
S.AGOSTINO
P.TA GENOVA F.S.
Stazione Porta Genova
Viale Belisario
Corso Vercelli
Corso Magenta
Cenacolo Vinciano
S. Maria d. Grazie
Palazzo delle Stelline
Piazza Sant'Ambrogio
Carcere di San Vittore
Piazzale Aquileia
Parco Solari
Parco Anfiteatro Romano
Parco delle Basiliche
S. Lorenzo Maggiore
Piazza S.Eustorgio
Darsena
Piazzale XXIV Maggio
Naviglio Grande
Naviglio Pavese
Ripa di Porta Ticinese
Viale D'Annunzio
Via Boccaccio
Via XX Settembre
Via Dante
Foro Buonaparte
Via Pontaccio
Piazza Cordusio
Corso Italia
Via Torino
METROPOLITANA
Linea 1
Linea 2
Linea 3
Linee ferroviarie suburbane
Strade di maggior percorrenza
Aeroporto Terminal

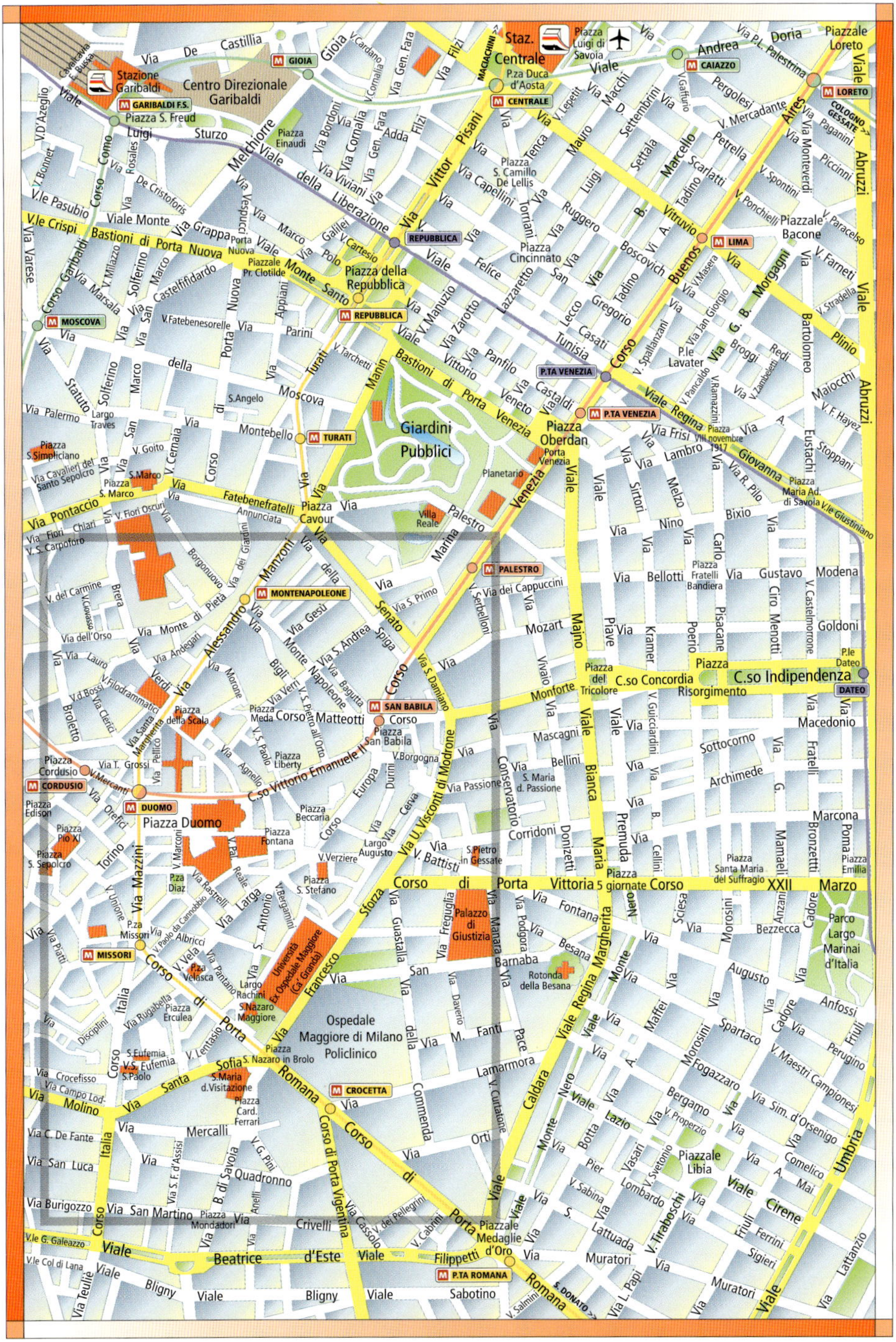
Stazione Garibaldi
GARIBALDI F.S.
Centro Direzionale Garibaldi
GIOIA
Staz. Centrale
P.za Duca d'Aosta
CENTRALE
Piazza Luigi di Savoia
CAIAZZO
Piazzale Loreto
LORETO
COLOGNO GESSATE
Piazza S. Freud
Viale della Liberazione
REPUBBLICA
Piazza della Repubblica
Piazzale Principessa Clotilde
Bastioni di Porta Nuova
Viale Monte Grappa
MOSCOVA
Corso Garibaldi
Piazza Cincinnato
Piazza S. Camillo De Lellis
LIMA
Piazzale Bacone
Corso Buenos Aires
P.TA VENEZIA
Piazza Oberdan
Porta Venezia
Viale Regina Giovanna
P.le Lavater
Piazza Maria Ad. di Savoia
Giardini Pubblici
Planetario
Villa Reale
TURATI
Piazza Cavour
Bastioni di Porta Venezia
Via Palestro
PALESTRO
Piazza S. Simpliciano
Piazza S. Marco
Largo Treves
Via Fatebenefratelli
Via Pontaccio
MONTENAPOLEONE
Via Alessandro Manzoni
Via Monte Napoleone
Via della Spiga
Corso Venezia
Piazza Fratelli Bandiera
Viale Piave
Via Morgagni
Viale Abruzzi
C.so Concordia
Piazza del Tricolore
Piazza Risorgimento
C.so Indipendenza
DATEO
P.le Dateo
SAN BABILA
Piazza San Babila
Corso Matteotti
Piazza della Scala
Piazza Meda
Piazza Liberty
C.so Vittorio Emanuele II
Piazza Cordusio
CORDUSIO
DUOMO
Piazza Duomo
Piazza Edison
Piazza Pio XI
Piazza S. Sepolcro
Piazza Fontana
Piazza Beccaria
Largo Augusto
Piazza S. Stefano
Via Conservatorio
S. Maria d. Passione
Viale Bianca Maria
Corso di Porta Vittoria
Piazza 5 giornate
Corso XXII Marzo
Piazza Santa Maria del Suffragio
Parco Largo Marinai d'Italia
Palazzo di Giustizia
Rotonda della Besana
Via Mazzini
MISSORI
P.za Missori
P.za Diaz
Università Ex Ospedale Maggiore (Ca' Granda)
Largo Richini
Ospedale Maggiore di Milano Policlinico
Via Francesco Sforza
Corso di Porta Romana
Piazza Velasca
Piazza Erculea
S. Nazaro Maggiore
Piazza S. Nazaro in Brolo
S. Eufemia
S. Paolo
S. Maria d.Visitazione
Piazza Card. Ferrari
CROCETTA
Via Santa Sofia
Via Molino
Corso Italia
Corso di Porta Vigentina
Viale Regina Margherita
Viale Caldara
Piazzale Libia
Viale Umbria
Piazzale Medaglie d'Oro
P.TA ROMANA
Viale Beatrice d'Este
Viale Bligny
Viale Sabotino
S. DONATO

Das Zentrum – Plan 1

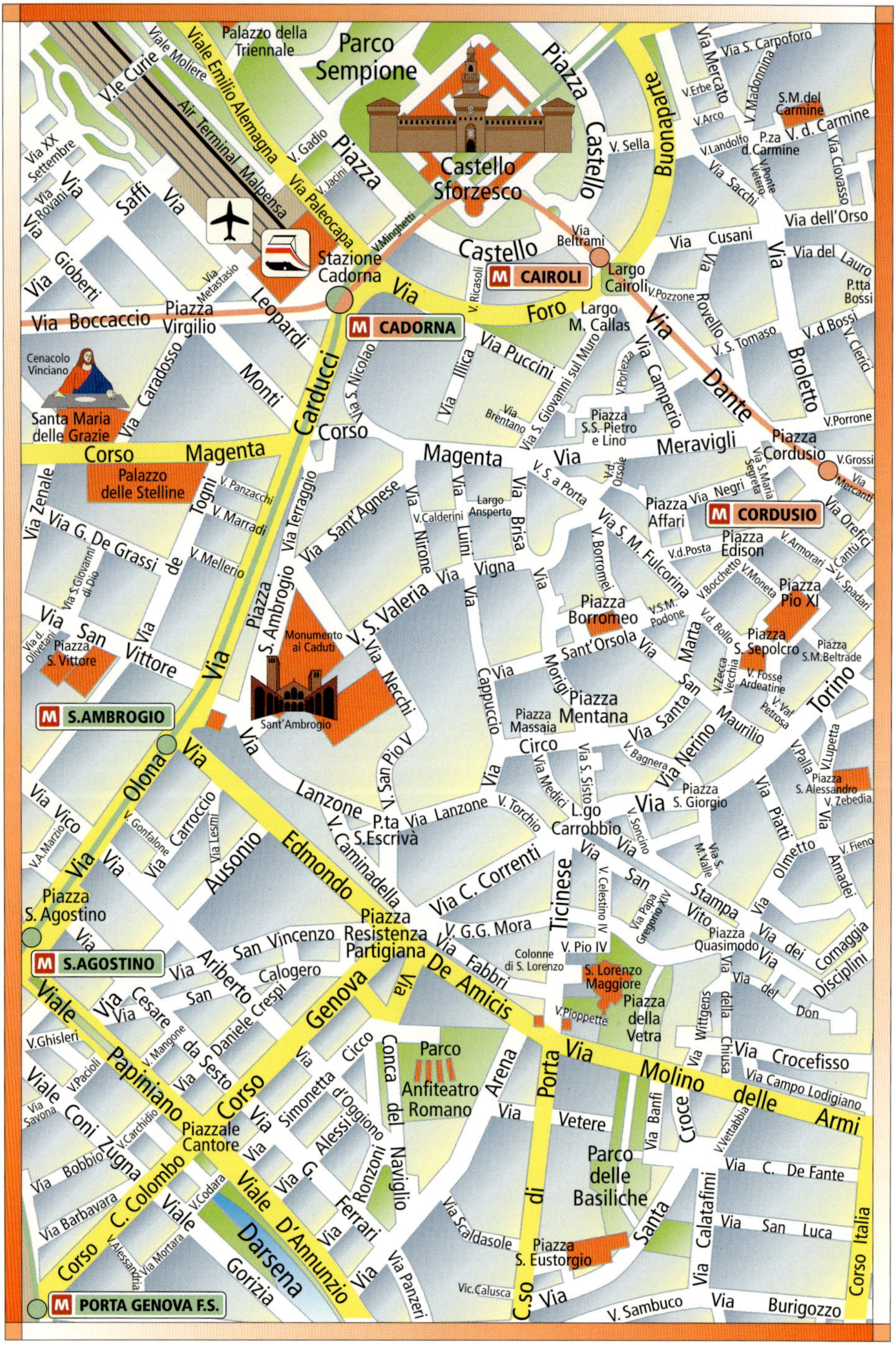

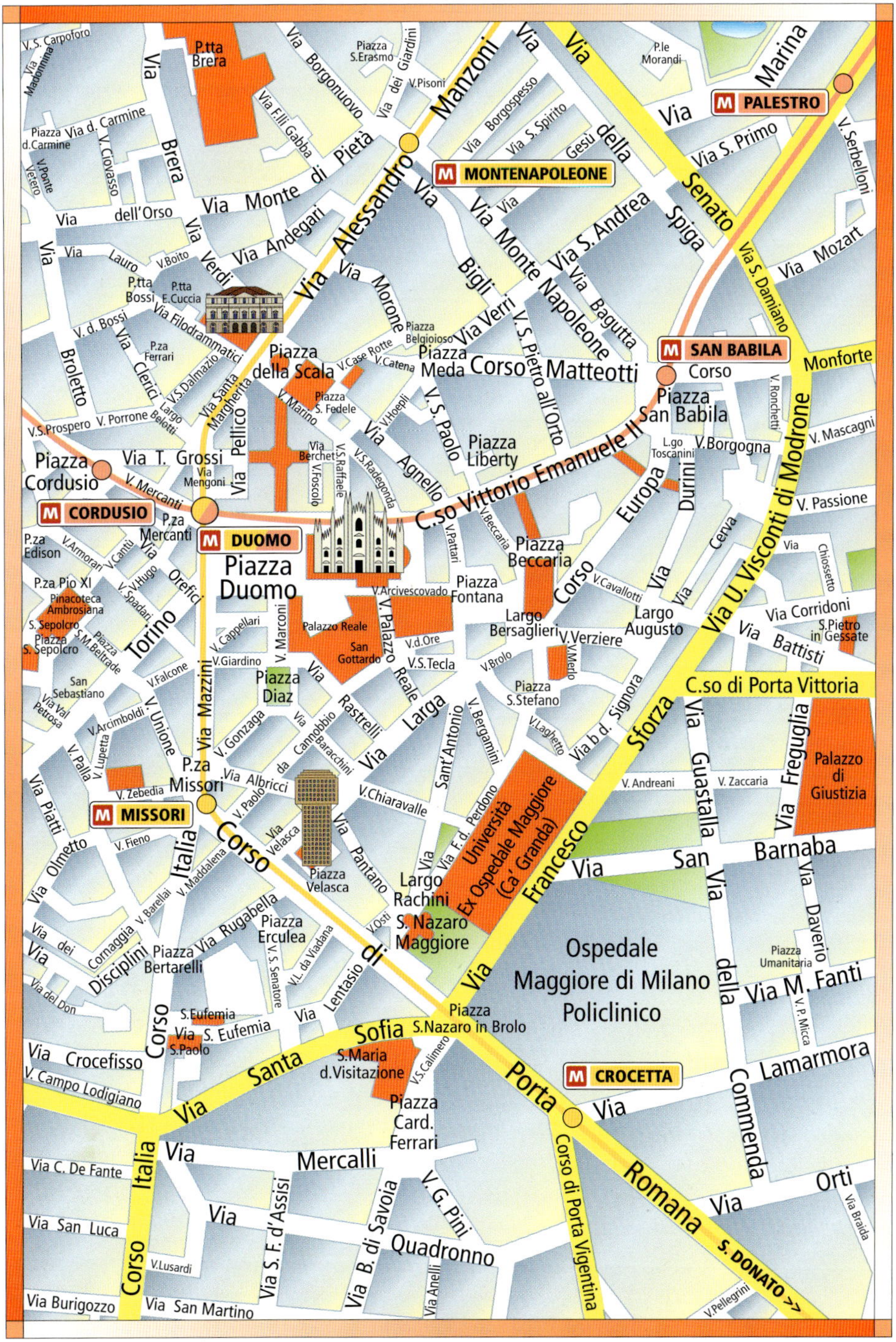

P.tta Brera
Via Brera
Via Borgonuovo
Piazza S.Erasmo
Via dei Giardini
V.Pisoni
Via Manzoni
Via della Spiga
P.le Morandi
Via Marina
PALESTRO
V.Serbelloni
Via S. Primo
Via Senato
Via Borgospesso
Via S.Spirito
Gesù
MONTENAPOLEONE
Via Monte di Pietà
Via Alessandro Manzoni
Via Fili Gabba
Piazza d.Carmine
Via d. Carmine
V.Ciovasso
V.Ponte Vetero
Via dell'Orso
Via Lauro
V.Boito
Via Verdi
Via Andegari
Via Morone
Via Bigli
Via Monte Napoleone
Via S. Andrea
Via Bagutta
Via S.Damiano
Via Mozart
P.tta Bossi
P.tta E.Cuccia
Via Filodrammatici
V. d. Bossi
Via Clerici
P.za Ferrari
Broletto
Piazza della Scala
V.Case Rotte
V.Catena
Piazza Belgioioso
Via Verri
Piazza Meda
Corso Matteotti
V.S.Pietro all'Orto
SAN BABILA
Monforte
Corso Monforte
Piazza San Babila
V.S.Dalmazio
Via Santa Margherita
Via Pellico
V.Marino
Piazza S. Fedele
V.Hoepli
V.S.Paolo
Piazza Liberty
V.Ronchetti
V. Mascagni
V.S.Prospero
V. Porrone
Largo Beletti
Piazza Cordusio
Via T. Grossi
Via Mengoni
V. Mercanti
Via Berchet
V.Foscolo
V.S.Raffaele
V.S.Radegonda
Via Agnello
C.so Vittorio Emanuele II
L.go Toscanini
V.Borgogna
Via Durini
Europa
Corso Europa
Via U. Visconti di Modrone
V. Passione
CORDUSIO
P.za Mercanti
DUOMO
Piazza Duomo
V.Beccaria
Piazza Beccaria
V.Pattari
P.za Edison
V.Armorari
V.Cantù
Via Orefici
V.Ugo
Via Spadari
Via Torino
P.za Pio XI
Pinacoteca Ambrosiana
S. Sepolcro
Piazza S. Sepolcro
S.M.Beltrade
Piazza S.Beltrade
V.Cappellari
V.Giardino
V. Marconi
V.Arcivescovado
Piazza Fontana
Largo Bersaglieri
V.Cavallotti
Via Cerva
Largo Augusto
Via Chiossetto
Via Corridoni
S.Pietro in Gessate
Via Battisti
Palazzo Reale
San Gottardo
V.d.Ore
V.S.Tecla
V.Palazzo Reale
V.Verziere
V.Brolo
V.Merlo
San Sebastiano
Via Val Petrosa
V.Falcone
Via Mazzini
Piazza Diaz
Via Rastrelli
Via Larga
Piazza S.Stefano
Via b.d. Signora
C.so di Porta Vittoria
V.Arcimboldi
V.Unione
V.Gonzaga
Via Cannobbio
Via Baracchini
Sant'Antonio
V. Bergamini
V.Laghetto
Sforza
Via Guastalla
Via Freguglia
Palazzo di Giustizia
V.Lupetta
V.Palla
V. Zebedia
P.za Missori
Via Albricci
V.Paolo da Cannobbio
V.Chiaravalle
Via F.d. Perdono
Università Ex Ospedale Maggiore (Ca' Granda)
Via Francesco Sforza
V. Andreani
V. Zaccaria
MISSORI
Via Piatti
V. Fieno
Corso Italia
Via Olmetto
V. Maddalena
Via Velasca
Piazza Velasca
Via Pantano
Largo Richini
Via San Barnaba
Via Daverio
V.Barellai
Via Rugabella
Piazza Erculea
V.S. Senatore
V.L. da Viadana
V.Osti
S. Nazaro Maggiore
Ospedale Maggiore di Milano Policlinico
Via della Commenda
Piazza Umanitaria
Via M. Fanti
Via dei Disciplini
Cornaggia
Piazza Bertarelli
Via Lentasio
Via del Don
S.Eufemia
Via S. Eufemia
S.Paolo
Piazza S.Nazaro in Brolo
Corso di Porta Romana
Via Santa Sofia
V.P. Micca
Via Crocefisso
S.Maria d.Visitazione
V.S.Calimero
CROCETTA
Via Lamarmora
V. Campo Lodigiano
Piazza Card. Ferrari
Via Mercalli
Via C. De Fante
V.G. Pini
Corso di Porta Vigentina
Via Orti
Via Braida
Via San Luca
Via S.F. d'Assisi
Via B. di Savoia
Via Quadronno
V.Lusardi
Via Anelli
S. DONATO >>
V.Pellegrini
Via Burigozzo
Via San Martino

Sforza Schloss

A
B
C
D
E
F
Stazione Centrale
Stazione Garibaldi
Cimitero Monumentale
Fiera Milano City
Piazza Sempione
Parco Sempione
Arena
Castello Sforzesco
Stazione Cadorna
Porta Nuova
Piazza della Repubblica
Giardini Pubblici
Piazza Oberdan
Piazza Cavour
Piazza della Scala
Piazza San Babila
Piazza Duomo
Piazza Missori
Piazza Cordusio
S. Maria d.Grazie
Porta Magenta
S. Ambrogio
S.Lorenzo Maggiore
Parco delle Basiliche
Darsena
Piazza XXIV Maggio
Stazione Porta Genova
Naviglio Grande
Naviglio Pavese
Corso Sempione
Via Paolo Sarpi
Corso Garibaldi
Corso di Porta Nuova
Corso Buenos Aires
Corso Venezia
Via Manzoni
Via Monte Napoleone
Corso Magenta
Corso Vercelli
Via Torino
Corso di Porta Romana
Corso di Porta Vigentina
Viale Beatrice d'Este
Corso di Porta Ticinese
Via Carducci
Viale Monte Santo?

Der Dom

Viertel A

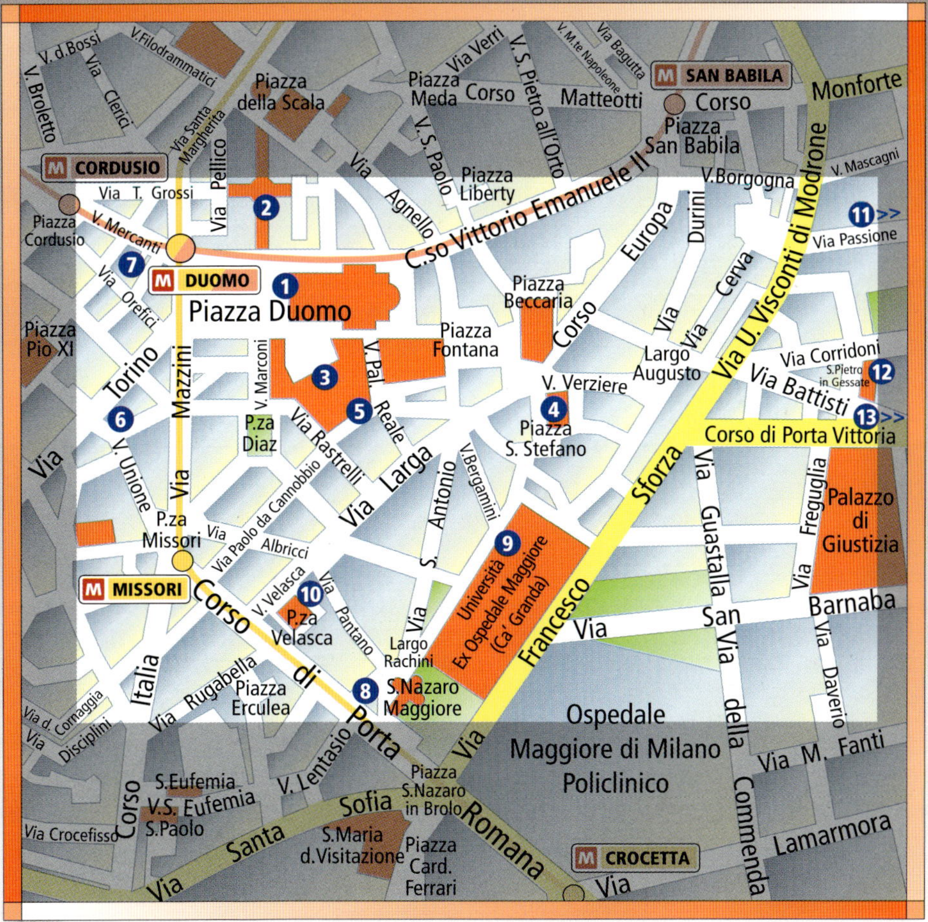
V. d.Bossi
V.Filodrammatici
V. Broletto
Via Clerici
Piazza della Scala
Via Santa Margherita
Via Pellico
Piazza Meda
Via Verri
Corso Matteotti
V.S.Pietro all'Orto
V.M.te Napoleone
Via Bagutta
SAN BABILA
Corso Monforte
Piazza San Babila
CORDUSIO
Via T. Grossi
Piazza Cordusio
V. Mercanti
V.S.Paolo
Piazza Liberty
Via Agnello
C.so Vittorio Emanuele II
V.Borgogna
V. Mascagni
Via Passione
Durini
Europa
DUOMO
Via Orefici
Piazza Duomo
Piazza Beccaria
Corso
Via Cerva
Via U. Visconti di Modrone
Piazza Pio XI
Torino
Mazzini
V. Marconi
V. Pal. Reale
Piazza Fontana
Largo Augusto
Via
Via Corridoni
S.Pietro in Gessate
Via Battisti
V. Verziere
Piazza S. Stefano
Corso di Porta Vittoria
P.za Diaz
Via Rastrelli
Via Larga
V.Bergamini
S. Antonio
V. Unione
Via
P.za Missori
Via Paolo da Cannobbio
Via Albricci
Sforza
Via Guastalla
Via Freguglia
Palazzo di Giustizia
Università Ex Ospedale Maggiore (Ca' Granda)
MISSORI
Corso di Porta
V. Velasca
P.za Velasca
Via Pantano
Via
Largo Rachini
Francesco
Via
San
Via della Commenda
Barnaba
Via Daverio
Italia
Via Rugabella
Piazza Erculea
S.Nazaro Maggiore
Via d. Cornaggia
Via Disciplini
Via
Ospedale Maggiore di Milano Policlinico
V. Lentasio
Via M. Fanti
S.Eufemia
V.S. Eufemia
S.Paolo
Corso
Via Crocefisso
Sofia
Piazza S.Nazaro in Brolo
Romana
Via Santa
S.Maria d.Visitazione
Piazza Card. Ferrari
CROCETTA
Via
Lamarmora

Piazza del Duomo

Der Domplatz liegt im Herzen Mailands, er ist die lebendige Mitte der Stadt, um die herum sich der gesamte städtische Bereich ausdehnt. Es ist ein typisch italienischer rechteckiger Platz, der 1859 nach den Plänen Giuseppe Mengonis erneuert wurde. Sämtliche Gebäude und Freiräume sind vom Dom ausgehend angelegt, der der absolute Hauptdarsteller ist und im Hintergrund den Abschluss des Platzes bildet. In seiner Mitte befindet sich das Reiterdenkmal Viktor Emanuels II., eine Schöpfung von Ercole Rosa aus dem Jahr 1896, die den Herrscher zeigt, wie er an seine Soldaten gewandt sein Pferd anhält, um sie in der Schlacht von San Martino 1859 anzufeuern. Auf beiden Seiten ist der Platz von Palazzi mit Arkadengängen flankiert: vom Palazzo Settentrionale (Nordpalast), von dem aus man in die Galleria Vittorio Emanuele II

gelangt; vom Palazzo Meridionale (Südpalast) gefolgt vom Palazzo dell'Arengario, der das neue Museum des 20. Jahrhunderts beherbergt, ein Bau aus dem Jahr 1939, der die Strenge der Architektur dieser Zeitepoche bekundet und in starkem Kontrast steht zur klassischen Geradlinigkeit des Palazzo Reale (Königspalast) auf dem daneben liegenden kleineren Platz. Auf der Westseite befindet sich der Palazzo dell'Orologio (Uhrenpalast). Auch unter dem Platz verstecken sich wichtige Kulturschätze, die während der Grabungen für den Bau der U-Bahn 1942 zum Vorschein kamen, wie etwa Fundstücke von der antiken Basilika Santa Tecla aus dem 4. Jahrhundert, sowie die Reste der Kirche Santa Maria Maggiore auf derselben Seite des Doms, die Platz lassen musste für den imposanten Bau des Doms.

FARMACIA

Der Dom

Er ist das Wahrzeichen der Stadt; imposant und beeindruckend nicht nur wegen seiner Maße (157 m lang und 93 m breit), sondern auch wegen seiner faszinierenden Struktur, die aus ihm das beste Beispiel von "Blütengothik" in Italien macht. Im Jahr 1386 wurde das Werk begonnen und erlebte während seines Bestehens über 5 Jahrhunderte zahlreiche italienische und europäische Baumeister und Künstler. Trotz der langen Realisierung hat er seine ursprüngliche Homogenität nicht verloren, und ist somit zu einem der berühmtesten und komplexesten Werke der gotischen Baukunst geworden. Dies ist auch der Nutzung von nie zuvor angewendeten technischen Lösungen zu verdanken. Das ganze Bauwerk besteht aus dem wertvollen Candoglia-Marmor (Ortschaft nahe des Sees Lago Maggiore), der über die "Navigli" in die Stadt gebracht wurde. Verziert ist er mit über 3200 Statuen, Hunderten von Spitzen und Wasserspeiern. Auf der Hauptspitze steigt, mit ihren 4 m Höhe, die berühmte vergoldete Madonnenstatue empor. Im Inneren befinden sich zahlreiche wertvolle Skulpturen, aus verschiedensten Materialien: Marmor, Bronze, Holz, Glas. Wunderschön sind die riesigen mehrfarbigen Fenster, mit zirka 3600 nachgebildeten Szenen. Das große zentrale Eingangstor (Anfang des 20. Jahrhunderts) ist von Ludovico Pogliani. Die Tradition besagt, dass es Glück bringt, wenn man das Bein der Figur in der rechten Tafel berührt. Bezaubernd ist auch die Aussicht auf die Stadt und die Alpen, die man von der Terrasse hat.

EL PRINCIPIO
DIL DOMO DI
MILANO FV
NEL ANNO
1386
1

2

3

SOLSTITIVM HIEMALE
4

1 – Gedenkstein, der an den Baubeginn im Jahre 1386 erinnert

2 – Die Krypta, in der die Reliquien von San Carlo Borromeo aufbewahrt werden

3 – Statue vom enthäuteten San Bartolomeo

4 – Nahe des Eingangs, befindet sich, im Boden, ein Messingstreifen, welcher an der nördlichen Wand empor läuft: Das ist die berühmte Sonnenuhr des Doms. In der südlichen Wand, auf 24 m Höhe, befindet sich ein Loch durch welches sich, um 12 Uhr, ein Sonnenstrahl auf den Streifen des Bodens projiziert. An den Seiten der Metalllinie befinden sich Marmortafeln, die die Sternzeichen darstellen

5 – Römischer Taufbrunnen

6 / 7 – Die wunderschönen Fenster aus dem 16. Jahrhundert

8 – Details vom Marmorboden

Der Dom

Die "Madonnina"

Im 18. Jahrhundert hatte der Dom fast noch keine Spitzen, so dass der Erzbischof Giuseppe Pozzobonelli entschied die Hauptspitze zu errichten. Das Werk wurde 1769 vom Architekten Francesco Croce realisiert und erreicht eine Höhe von 108,5 Metern. Auf die Spitze wurde eine in Kupfer vergoldete Madonnenstatue gesetzt, welche 4,16 Meter hoch ist. Liebevoller Weise wird sie die "kleine Madonna" genannt; sie blickt gen Himmel und hält auch ihre Arme nach oben, so als würde sie die Segnung Gottes für die Stadt, zu dessen Symbol sie geworden ist, anflehen. Sie wurde vom Bildhauer Giuseppe Perego und dem Goldschmied Giuseppe Bini realisiert und am 30. Dezember 1774 eingeweiht.

Museum des 20. Jahrhunderts

Nach einer langen Restaurierung beherbergt der Palazzo dell'Arengario nun das Museum des 20. Jahrhunderts: eine herausragende Sammlung, die die künstlerischen Phänomene des vergangenen Jahrhunderts vertieft und der italienischen Kunst des 20. Jahrhunderts gewidmet ist. Mit einer Ausstellungsfläche von gut 5.000 Quadratmetern verteilt auf mehrere Stockwerke sind im Museum des 20. Jahrhunderts Gemälde, Bilder und Statuen in zeitlicher Abfolge ausgestellt: Futurismus, 20. Jahrhundert, Spazialismo, Arte Povera, von so berühmten Künstlern wie Carrò, Soffici, De Chirico, Sironi, Morandi, Fontana, Manzoni, Kounellis, etc... Neben dem Museum entstand auch das Archiv des 20. Jahrhunderts (Archivio del Novecento), wo Werke konserviert sind und nachgeschlagen werden können und wo grafische Kunstwerke des gesamten 20. Jahrhunderts in Ausstellungen bewundert werden können.

Links Rechts die breiten Glasfenster, von wo aus man einen herrlichen Blick auf die Piazza del Duomo hat

Oben der Palazzo dell'Arengario, Sitz des Museums

Rechts das Innere des Museums

Piazza del Duomo

Galerie Vittorio Emanuele II

Dieses Werk des Architekten Giuseppe Mengoni war eine der ersten Strukturen aus Eisen und Glas (1865-1867). Kreuzförmig, mit einem achteckigen zentralen Platz, einer 47 m hohen Kuppel, zwei sich kreuzenden Armen, beide 14 m breit und 105 und 196 m lang, reich an Verzierungen (Fresken, Verputz, Marmor und Stuck).

Heute ist sie zum "Salon Mailands" geworden, Lieblingstreffpunkt für Stadtbewohner und Touristen. In ihr befinden sich elegante Boutiquen, Bars, Restaurants, Bücherläden mit zum Teil noch vorhandenen Ausschmückungen und Einrichtungen aus der Epoche.

A VITTORIO EMANUELE II. I MILANESI

Im Inneren der Galerie befindet sich das Mosaik des Wappens von Turin. Der Stier ist Gegenstand eines kuriosen Aberglaubens: Wie man auf dem Bild sieht, können sich die Besucher durch ihn Glück wünschen

Galerie Vittorio Emanuele II

UITTON
SAVINI

Königlicher Palast

Der Königliche Palast (Foto oben) wurde im Jahre 1138 dort gebaut, wo früher der "Broletto Vecchio" stand, der ursprüngliche Gemeindesitz. Später wurde er zum Wohnsitz der Familien der Torriani, der Visconti und der Sforza. Er beherbergte die spanischen Gouverneure und war auch Sitz des ersten Theaters der Stadt. Im Jahre 1772 wurde der Architekt Piermarini von Ferdinando von Österreich beauftragt, den Palast zu erneuern. Es wurden wichtige Veränderungen gemacht und berühmte Künstler aus Italien und anderen Ländern wurden gerufen, um die Innenräume auszuschmücken und zu bereichern. 1943 wurde das Bauwerk stark durch die Bombardierungen beschädigt: Dabei wurden sämtliche Fresken auf den Gewölben der Säle zerstört. Dank sorgfältiger Restaurierungsarbeiten erscheint der Palast heute wieder mit seiner schlichten neoklassischen Fassade. Hier befinden sich heute Museen und Ausstellungen.

1

2

Hier die Kirche von San Bernardino alle Ossa (1) und die Kirche von Santo Stefano (2)

1 – Die Kirche von San Bernardino alle Ossa ist einer der unglaublichsten und schaurigsten Orte Mailands: Sie beherbergt nämlich zahlreiche Totenköpfe vom Friedhof (aus dem 11. Jahrhundert), der sich an dieser Stelle befand. Die Totenköpfe wurden als Fries an den Türen benutzt, oder um Säulen im Rokokostil zu schmücken

2 – Die Kirche von Santo Stefano stammt aus dem 15. Jahrhundert. Nachdem sie 1075 durch einen Brand zerstört wurde, hat man sie zwischen dem 11. und 12. Jahrhundert in den noch heute zu sehenden romanischen Formen wieder aufgebaut

Piazza Fontana

Kirche von San Gottardo

Ihr Bau wurde 1336 von Azzone Visconti veranlasst, welcher sie dem unter Gicht leidenden San Gottardo widmen wollte. Heute sieht man den neoklassischen Stil im Innenraum und einen herrlichen rechteckigen Kirchturm (Foto rechts).

Die "Colonna del Verziere" genannte Säule befindet sich in Largo Augusto und ist ein barockes, um 1500 errichtetes, Monument. Es besteht aus einer raffinierten Säule aus Granit, auf der eine große Statue steht, die den Heiland darstellt. Der Name "Verziere" kommt vom Obst- und Gemüsemarkt, der an diesem Ort stattfand

Unten, Piazza Diaz, der 1939 nach dem Abriss von alten Gebäuden entstanden ist. In der Mitte ein Denkmal von 1980 an die Carabinieri

Kirche von Santa Maria bei San Satiro

Sie wurde dem Bruder von Sant'Ambrogio gewidmet und ihr ursprünglicher Kern stammt aus dem Jahre 879 n.Chr., auch wenn die heutige Anlage Donato Bramante (1476-1478) zu verdanken ist, der, zum Zeitpunkt des Baubeginns ohne die dafür notwendige Erlaubnis, die Herausforderung in Kauf nahm, das Werk trotzdem mit dem kleinen ihm zur Verfügung stehenden Raum zu realisieren. Auf diese Art und Weise hat er es meisterhaft vollbracht, einen perspektivischen Sinn anhand von Bögen und Kassettendecke zu schaffen. Das Ergebnis ist ein Meisterwerk der optischen Illusion, da die vorgetäuschte Abtei, welche weit und geräumig erscheint, eigentlich nur 1 Meter tief ist. Im Hintergrund sieht man ein Bild der Madonna mit Kind: Nach einer Legende aus dem 13. Jahrhundert soll sie jemand mit einem Dolch getroffen haben und aus der Friese soll einem Wunder gleichkommend Blut geflossen sein.

Via Orefici (1) und Via Mercanti (2) verbinden Piazza del Duomo und Piazza Cordusio

3 – Die barocke Kirche von San Giorgio al Palazzo mit Fassade aus dem 18. Jahrhundert in Via Torino

4 – Via Torino, reich an Geschäften, Läden und Handwerkstätten, hat schon seit geraumer Zeit einen Handelscharakter, auch wegen ihrer günstigen Lage. Es ist eine der ältesten Straßen Mailands, welche Piazza del Duomo und die Altstadt verbindet, bis Porta Ticinese und dem Viertel der "Navigli"

Piazza Mercanti

Ein schöner kleiner Platz auf den die wichtigsten öffentlichen Gebäude des Mittelalters gehen. Auf der einen Seite befindet sich der "Palazzo della Ragione" (Palast der Vernunft) aus dem 13. Jahrhundert, daneben der "Palazzo der Palatinischen Schulen" aus dem 17. Jahrhundert, davor die "Loggia degli Osii",

eleganter Laubengang aus schwarz-weißem Marmor aus dem 14. Jahrhundert, von wo aus damals die Kapitäne ihre Rede an das Volk hielten; in der Mitte steht der typische Brunnen aus dem 16. Jahrhundert. Ein Stück aus vergangenen Zeiten mitten im Zentrum.

1

Basilika von San Nazaro Maggiore

Sie wurde im Jahre 386 n.Chr. durch Sant'Ambrogio gegründet und den Aposteln gewidmet. Man sagt, dass einige der hier aufbewahrten Reliquien ihnen gehören soll. Die Basilika ist ein wichtiges Zeugnis frühchristlicher Kunst; 1075 wurde sie in Folge eines zerstörenden Brandes wieder aufgebaut und im Laufe der Jahrhunderte wurden mehrere Eingriffe unternommen. Die letzten dieser Restaurierungen haben nicht nur das romanische Bauwerk aus dem 11. Jahrhundert ans Licht gebracht, sondern auch einen Teil der frühchristlichen Mauern und ein Flachrelief von San Nazaro. In der Kirche sind zahlreiche archäologische Funde und Kunstwerke aufbewahrt. Das Besondere an der Basilika ist, dass sie keine Hauptfassade hat: Man kommt ins Innere durch die Trivulzio Kapelle, welche 1512 vom Bramantino begonnen wurde und nie fertiggestellt wurde.

Antikes Krankenhaus - Antico Ospedale Maggiore "Ca' Granda"

Dieses Bauwerk, welches auch unter dem Namen "Ca' Granda" bekannt ist, wurde nach Wunsch des Francesco Sforza im Jahre 1456 errichtet. In einer einzigen Einrichtung wurden zahlreiche Krankenhäuser der Stadt versammelt; somit entstand eines der größten und am besten ausgestatteten Krankenhäuser Europas. Zahlreiche Architekten nahmen an seiner Realisierung teil und schafften eine besondere und beeindruckende Einheit von verschiedenen Stilen, mit Teilen aus der Gotik und dem Rinascimento, die an der langen Fassade aus Backstein sichtbar sind. Im Innenhof des Bauwerks befindet sich eine majestätische Loggia. Heute beherbergt das Gebäude die Universität von Mailand.

1 – Ca' Granda
2 – Trivulzio Kapelle
3 – Anlage der Basilika von San Nazaro

2

3

Turm Velasca

Dieser zwischen 1956 und 1958 gebaute Wolkenkratzer hat 26 Stockwerke und wird in den letzten 6 Stockwerken breiter. Seine besondere Form wurde auf Grund des begrenzten verfügbaren Raumes auf dem Platz konzipiert. Er ist eines der Wahrzeichen der Stadt und hebt sich zusammen mit dem Dom und dem Sforza Schloss hervor. In ihm befinden sich Geschäfte, Büros und Wohnungen.

Unten, Piazza Missori mit den Resten der antiken frühchristlichen Basilika

Velasca Turm

Basilika von Santa Maria della Passione

Diese aus dem 16. Jahrhundert stammende Kirche ist eine der schönsten und größten der Stadt, nur der Dom hat einen größeren Umfang. Das Werk wurde von Giovanni Battagio konzipiert und von Cristoforo Lombardo weitergebaut;

von letzterem stammt die 1530 realisierte Kuppel, während die barocke Fassade 1692-1729 von Rusnati realisiert worden ist. Das Innere der Kirche ist eine echte Pinakothek mit Werken von Daniele Crespi, Bernardino Luini, Gaudenzio Ferrari und Künstlern aus anderen Kulturregionen Italiens.

Kirche von San Pietro in Gessate

Sie wurde in der Nähe eines alten Klosters errichtet und ist eines der wichtigsten Beispiele der Architektur aus dem 15. Jahrhundert. Unter den diversen Umbauarbeiten fand auch eine zu Barockzeiten statt. Im Jahre 1912 erhielten der Glockenturm und die Fassade ihre ursprüngliche Gestalt wieder; das Tor aus dem 17. Jahrhundert mit der Skulptur des Schutzpatrons blieb jedoch erhalten. Im Inneren befinden sich zahlreiche Fresken, unter denen die "Anbetung der Heiligen Drei Könige" von Gian Battista Secchi.

Rotunde der Besana

Wegen ihrer besonderen Architektur ist sie sicherlich die originellste Konstruktion des Mailänder Settecento. Sie besteht aus einer Kirche in der Mitte, welche von einem harmonievollen Laubengang umgeben ist. Bis zum 18. Jahrhundert als Beerdigungsstätte gedacht, wurde sie daraufhin als Krankenhaus für die ansteckenden Kranken zur Zeit der Pockenepidemie in den Jahren 1870-1871 genutzt und später bis 1940 als Waschküche des Krankenhauses. Heute, nach diversen Restaurierungsarbeiten, wird sie für Kultur- und Kunstveranstaltungen genutzt.

Die Scala, Brera und das Modeviertel

Viertel B

Das Scala Theater

Es gilt als das berühmteste Opernhaus der Welt; es wurde auf Wunsch Kaiserin Maria Theresias von Österreich und nach Plänen des Architekten des Neuklassizismus Giuseppe Piermarini gebaut und am 3. August 1778 eröffnet. Die Scala war Spielstätte der größten Opernsänger und Dirigenten aller Zeiten. Nach den verheerenden

Bombardements von 1943 wurde das Theater wieder aufgebaut und zwischen 2002 und 2004 von Grund auf renoviert, wobei nach den Plänen des Architekten Mario Botta ein imposanter Bühnenturm und eine Struktur mit ovaler Grundfläche errichtet wurden. Die Fassaden sind einfach und nüchtern, während das Innere reich verziert und in den Farben Elfenbein und rot gehalten ist.

uscita
entrata
1533

Statue von Leonardo Da Vinci auf Piazza della Scala

Typische damalige Straßenbahn auf Piazza della Scala

Palazzo Marino

Dieser schöne und, dank seiner vier Vorderseiten, einzigartige Palast wurde im Jahre 1558 von Galeazzo Alessi auf Nachfrage des reichen Genueser Bankiers Tommaso Marino (daher der Name) gebaut. Die auf die Piazza della Scala gehende Fassade von Luca Beltrami (1889) war ursprünglich die Rückseite, welche auf den dahinterliegenden Piazza San Fedele ging: eine harmonische Synthese aus Barock und Rinascimento.
Der Innenhof ist reich an Säulen, Nischen und Statuen. Im Erdgeschoss befindet sich der einzige zu besichtigende Saal, der “Sala dell’Alessi”, mit Wandgemälden und Stuck. Der Palast ist heute Gemeindesitz.

Platz und Kirche von San Fedele

Piazza San Fedele ist, mit seinem in der Mitte stehenden Denkmal an den berühmten Schriftsteller Alessandro Manzoni, einer der ältesten und schönsten Plätze Mailands. Er ist von zwei wichtigen Monumenten aus dem 16. Jahrhundert geschmückt: die hintere Fassade von Palazzo Marino und die Kirche von San Fedele. Letztere wurde auf den Resten der antiken Kirche von Santa Maria in Solaio errichtet und im Jahre 1569 von Carlo Borromeo, auf Wunsch der Jesuiten, die sie zu ihrem Sitz machten, in die heute zu sehende barocke Kirche umgebaut. Die einschiffige Kirche zeigt strenge Formen und ist durch eine Reihe von imposanten und sehr hohen Säulen aus rotem Granit gegliedert.

LINCE

Corso Vittorio Emanuele II und die Kirche von San Carlo al Corso

Corso Vittorio Emanuele II ist die Hauptstraße der Stadt und verbindet den Dom und Piazza San Babila. Die beliebteste nicht befahrene Shoppingstraße Mailands bietet zahlreiche Geschäfte, Bars, Kinos und ist auf beiden Seiten mit Arkaden ausgestattet. Wenige Meter von Piazza San Babila entfernt öffnet sich auf der linken Seite ein kleiner Platz mit der imposanten Kirche von San Carlo al Corso. Diese neoklassische Kirche wurde zwischen 1839 und 1847 von Carlo Amati errichtet und lässt sich von dem Römischen Pantheon inspirieren. Ihr Inneres ist reich an Ausschmückungen und Kunstwerken.

Corso Vittorio Emanuele II und der Dom

Piazza San Babila

Platz und Kirche von San Babila

Piazza San Babila bietet viele Geschäfte, Theater und Kinos und ist einer der elegantesten Orte der Stadt, früher Treffpunkt der wohlhabenden Mailänder. Hinter den Palästen kaum sichtbar, versteckt sich die sehr alte Kirche von San Babila, die auf den Resten einer Basilika aus dem 4. Jahrhundert n.Chr. errichtet und später umgebaut wurde. Auf dem Kirchplatz steht die sogenannte Löwensäule aus dem 6. Jahrhundert: Das Tier aus Stein ist wahrscheinlich das heraldische Symbol des Viertels.

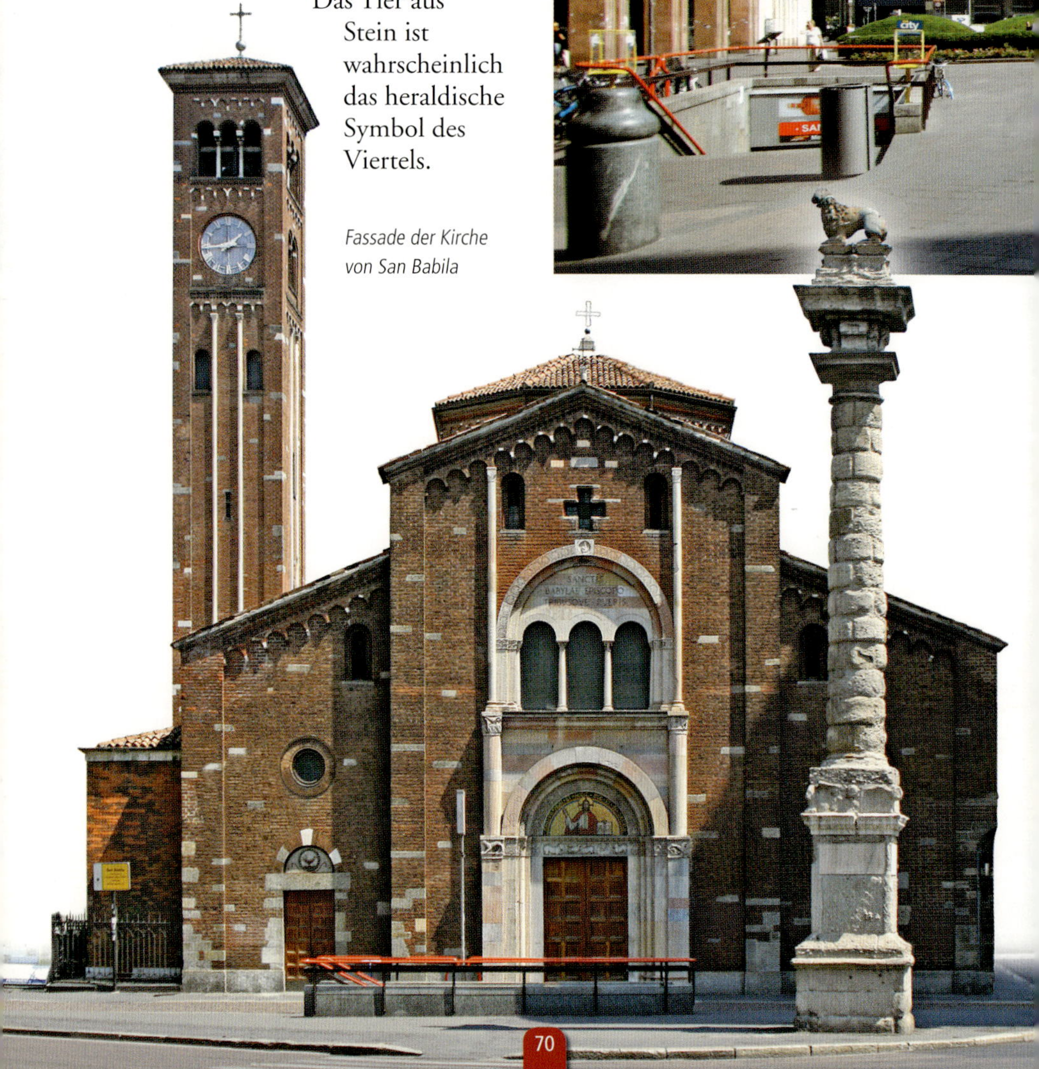

Fassade der Kirche von San Babila

MOBY

Das Modeviertel

Via Montenapoleone, Via della Spiga, Via Sant'Andrea, Via Manzoni, Via Borgospesso und Via Santo Spirito begrenzen das berühmte Modeviertel. Dieser Shoppingtempel aus Luxus und Qualität wird nicht nur von Mailändern, sondern auch von Touristen geschätzt. Hier findet man alle Boutiquen der berühmten Stilisten: Kleider, Accessoires, Schuhe, Schmuck, usw. der bedeutendsten Marken. Die Architektur dieses Viertels aus dem 19. Jahrhundert ist schlicht und elegant in seinen vornehmen und wichtigen Palästen.

area pedonale

Brera Palast

Dieser Palast ist ein typisches Beispiel von Barockarchitektur aus der Lombardei und wurde 1627 von Francesco Maria Richini errichtet. Im Jahre 1780 wurde er dann von Giuseppe Piermarini durch ein majestätisches Tor vervollständigt.
Der Palast zeichnet sich durch einen großen rechteckigen Innenhof aus, der von zwei

Arkadenreihen durchzogen ist und in dessen Mitte die Bronzestatue von Napoleon Bonaparte als Friedensstifter Marte steht, ein Canova zugeschriebenes Werk aus dem 19. Jahrhundert. Der Palast ist heute Sitz der Pinakothek Brera, der Akademie der Künste, der Nationalbibliothek Braidense und des Planetariums.

1

Pinakothek Brera

Im Inneren des eleganten "Palazzo di Brera", wo auch die Akademie der Künste und die Nationalbibliothek Braidense ihren Sitz haben, kommt man über die Freitreppe aus dem 17. Jahrhundert im Hof zur Pinakothek. Ihre wertvollen Sammlungen entstanden aus der Ansammlung der beschlagnahmten Gemälde aus Kirchen und Klostern zu Napoleons Zeit (1798), und machen sie somit zu einem der wichtigsten Museen Europas. Hier befinden sich berühmte Werke wie die *Madonna mit Kind* von Giovanni Bellini, die *Kreuzigung* von Bramantino, die *Madonna des Rosengartens* von Luini und das *Abendmahl in Emmaus* von Caravaggio. Weitere wertvolle Gemälde sind der *Tote Christus* von Mantegna, die *Hochzeit der Jungfrau* von Raphael und die *Heilige Konversation* von Piero della Francesca. Außerdem gibt es Gemälde von Rubens, Jordaens, Van Dyck und Rembrandt, die die flämische Schule des 17. Jahrhunderts vertreten. Vermächtnisse und Anschaffungen bis zum Zweiten Weltkrieg brachten weitere wichtige Werke in die Pinakothek; darunter Gemälde von Correggio, Pietro Longhi, Piazzetta, Tiepolo, Canaletto und Fattori, und *In der Weinlaube* von Silvestro Lega. Die Pinakothek hat ihre Sammlung auch durch die letztere Donation von Emilio und Maria Jesi erweitert; sie beinhaltet Werke der bedeutendsten Künstler des frühen 20. Jahrhunderts, unter denen Boccioni, Braque, Carrà, De Pisis, Marino Marini, Modigliani und Morandi.

1 – "Toter Christus" von Mantegna

2 – "Heilige Konversation" von Piero della Francesca

3 – "Abendmahl in Emmaus" von Caravaggio

4 – "Kuss" von Francesco Hayez

5 – "Hochzeit der Jungfrau" von Raphael

Brera Viertel

In diesem antiken Mailänder Viertel befinden sich zahlreiche historische Paläste entlang der typischen Straßenpflaster, auf denen früher einmal die von Pferden gezogenen Kutschen fuhren. Durch die diversen "Literatencafés" ist dieses Viertel zu einem Ort der Geschichte, der Kunst und der Kultur geworden und hat schon immer Künstler und Intellektuelle angezogen. Mailänder und Touristen kommen gerne hierher wegen der zahlreichen Bars, Restaurants, Lokale und ebenso wegen der besonderen Boutiquen und Läden, die aus "Brera" eine exklusive Einkaufsgegend machen.

Kirche del Carmine

Ihr Bau begann 1400 auf Wunsch des Gian Galeazzo Visconti. Im Laufe der Jahrhunderte erlitt sie Zusammenbrüche und wurde Restaurierungen unterzogen; heute sehen wir sie mit einer Fassade aus dem 19. Jahrhundert in einem fantasievollen gotisch-lombardischen Stil. Im Inneren befinden sich viele Gemälde aus dem 17. Jahrhundert und eine wunderschöne, aus dem 17. Jahrhundert stammende Sakristei aus Nussholz.

Museum Poldi Pezzoli

Dieses Haus-Museum entstand aus der privaten Sammlung von Gian Giacomo Poldi Pezzoli, ein Mailänder Adlige, der im 19. Jahrhundert lebte. Es ist seit 1881 zu besichtigen, und bewahrt Werke höchster Qualität und Charmes, unter denen Gemälde von Piero della Francesca, Botticelli, Pollaiolo, Mantegna, Giovanni Bellini, Carlo Crivelli, Tiepolo, usw. Es gibt außerdem auch Sammlungen von Wandteppichen, Spitzen, Möbeln, Teppichen, unter denen der "Jagdteppich", eines der ältesten persischen Meisterwerke der Welt (1542-43). Herrliche Sammlungen der Goldschmiedekunst. Der Waffensaal des Museums wurde vor kurzem durch eine originelle Ausstattung von Arnaldo Pomodoro (2000) erneuert.
Auf dem Foto das *Frauenportrait* von Pollaiolo.

Via Melzi d'Eril
Corso Sempione
Via L. Canonica
Piazzale Biancamano
Via
Largo La Foppa
MOSCOVA
Via Moscova
V. C.M. Maggi
Piazza Lega Lombarda
Viale Elvezia
Via D. Cirillo
Via L. Cagnola
V. Bertani
Piazza Sempione
Arco della Pace
Arena
Parco Sempione
Via Legnano
V.T. da Cazzaniga
Corso Garibaldi
Via Statuto
Solferino
Via Palermo
Largo Traves
Via Piermarini
Guerrazzi
Canova
Torre Branca
Palazzo della Triennale
Piazza Paolo VI
Via Cavalieri del Santo Sepolcro
Piazza S. Simpliciano
Piazza S. Marco
Viale Milton
V. Foro
LANZA
Via Pontaccio
Via Fiori Chiari
V. S. Carpoforo
V. Mercato
Brera
Viale Emilio Alemagna
V. Revere
V. Curie
Air Terminal Malpensa
Piazza Castello
Castello Sforzesco
Via Buonaparte
V. del Carmine
V. Ciovasso
V. Sacchi
Via dell'Orso
Via Tamburini
Via XX Settembre
Via Gioberti
V. Paleocapa
Stazione Cadorna
Via Leopardi
Piazza Virgilio
Via Boccaccio
CADORNA
CAIROLI
Largo Cairoli
Largo M. Callas
Via Foro
V. Cusani
Via del Lauro
V.d. Bossi
Via Clerici
Via Broletto
Via Dante
V. Puccini
Via Illica
Via S. Giovanni
Via Camperio
Cenacolo Vinciano
V. Ruffini
S. Maria d. Grazie
Via Caradosso
Monti
V. Carducci
Corso Magenta
Via Meravigli
CORDUSIO

A
GIUSEPPE GARIBALDI
MILANO
12.54

Largo Cairoli, mit der Statue von Giuseppe Garibaldi, 1895 realisiert. Im Hintergrund das Sforza Schloss

Sforza Schloss

Es ist eines der wichtigsten Bauwerke Mailands und wurde auf Wunsch von Galeazzo II Visconti, in der zweiten Hälfte des 4. Jahrhunderts erbaut, dann jedoch ab 1450 von Francesco Sforza erneuert und wurde somit zu einem der schönsten Wohnsitze Europas. Zwischen 1480 und 1482 wurden bekannte Persönlichkeiten wie Leonardo Da Vinci und Bramante nach Mailand gerufen, beide Künstler am Hofe des Ludovico il Moro. Diverse Ereignisse bestimmten die Geschichte des Schlosses, brutale Abrisse und Wiederaufbauarbeiten. Das heutige Erscheinen ist einer Restaurierung in den ersten Jahren des 20. Jahrhunderts zu verdanken, bei der das Schloss seinen militärischen Charakter verlor und statt dessen der ursprüngliche herrschaftliche Wohnsitz zum Ausdruck kam. Symbol des Schlosses ist der zur Stadt gewendete Mittelturm (Turm del Filarete); er ist 70 Meter hoch und wurde nach dem Florentiner Architekten Antonio Averlino, der “Filarete”, benannt, der am ursprünglichen Turm in der zweiten Hälfte des 5. Jahrhunderts arbeitete; ein Jahrhundert später stürzte er ein und wurde schließlich 1905 nach einem Entwurf des Architekten Luca Beltrami wieder aufgebaut.

Das Sforza Schloss vom Platz mit dem schönen Springbrunnen

Museen des Sforza Schlosses

Das Schloss bewahrt in seinen Museen einige Schätze aus der Vergangenheit. Heute beherbergt der Komplex im Erdgeschoss das *Museum für Antike Kunst*; dort befindet sich der "Achsensaal" mit einem von Leonardo Da Vinci realisierten Gewölbe, bekannt unter dem Namen *Pietà Rondanini*, welches der Künstler nicht fertigstellen konnte (1564). Im ersten Stockwerk befindet sich das *Möbelmuseum* und die Pinakothek, mit einer reichen Gemäldesammlung mit Werken von Filippo Lippi, Antonello da Messina, Andrea Mantegna, Canaletto. Ein Teil des ersten Stockwerkes und das zweite Stockwerk der Rocchetta beherbergen das *Musikinstrumentenmuseum* und die *Sammlungen der angewandten Kunst* mit künstlerischen Manufakturwerken, wertvollen Gegenständen der Goldschmiedekunst und zahlreichen wissenschaftlichen Instrumenten. In den unterirdischen Gängen des Dogenhofes befinden sich das *Museum der Prähistorie und der Frühgeschichte*, welches in 3 Bereiche aufgeteilt ist: das Neolithikum, die Bronzezeit und die Eisenzeit, und das *Ägyptische Museum*.

5

1 – Grabdenkmal von Bernabò Visconti (14. Jahrhundert)

2 – Helme aus dem 7. Jahrhundert im Waffensaal

3 – Grabdenkmal von Gaston de Foix (16. Jahrhundert)

4 – 6-Saitige Gitarre mit zwei Mandolinen im Musikinstrumentenmuseum

5 – Portrait von Gian Galeazzo Maria Sforza (1476)

6 – Detail der "Madonna mit Heiligen" von Andrea Mantegna (1497)

7 – "Pietà Rondanini" von Michelangelo (1564)

6

7

Schlosspark
Parco Sempione

Mit seinen 47 Hektar ist es der größte zentrale Park der Stadt. Er wurde im Jahre 1893 vom Architekten Emilio Alemagna realisiert und sollte ein Perspektivenspiel zwischen dem Sforza Schloss und dem Friedensbogen schaffen. In diesem nach Modell des Englischen Gartens konzipierten Park treffen auf pittoreske Weise Bäume, Gassen, kleine Brücken, Bäche, kleine Hügel und Brunnen aufeinander.

1 – Blick vom Park mit dem Sforza Schloss als Hintergrund

2 – Anliegend an den Schlosspark befindet sich der Branca Turm. Er wurde nach einem Plan des Architekten Giò Ponti errichtet, ist 108 Meter hoch und wurde 1933 eingeweiht. In Folge wurde er komplett von den Gebrüdern Branca restauriert, welcher er den Namen verdankt. Durch seinen Aussichtsfahrstuhl kommt man bis zur Spitze und hat somit eine wunderschöne Aussicht auf die wichtigsten Denkmale der Stadt: den Friedensbogen, das Sforza Schloss und den Dom

3 – Im Palast der "Triennale" befindet sich eine große Sammlung von Designgegenständen und es finden zahlreiche Ausstellungen Moderner Kunst statt. Davor steht der Springbrunnen "Bagni misteriosi", das letzte Werk des berühmten Malers und Bildhauers Giorgio De Chirico

3

SPACE AGE LIGHT
III TRIENNALE DESIGN MUSEUM
QUALI COSE SIAMO

Friedensbogen

Von Cagnola im Jahre 1807 entworfen, um die Siege Napoleons zu zelebrieren; seine Realisierung wurde wegen der Niederlage Napoleons in Waterloo im Jahre 1815 unterbrochen. Aus diesem Grund fand die Einweihung erst 1838 statt und wurde dem erreichten Frieden nach der Zeit Napoleons gewidmet.
Er ist 25 Meter hoch, aus Granit, und besteht aus drei Arkaden, von denen die

Mittlere am größten ist; sie ist aus korinthischen Säulen, welche auf mit Flachreliefs verzierten Sockeln stehen. Dieses erhabene Monument zeichnet sich auch durch die raffinierten Ausschmückungen aus: Beeindruckend sind in diesem Sinne die "Sestige des Friedens" von Abbondio Sangiorgio, die "Siege zu Pferd" von Giovanni Putti und die Darstellungen der 4 Flüsse (Po, Ticino, Adige, Tagliamento), dank der sich an beiden Seiten befindenden Statuen.

Piazza Cadorna

Dieser von Gae Aulenti entworfene Platz ist einer der wichtigsten Knoten des Zentrums: Er verbindet nämlich das Sforza Schloss mit dem Abendmahl und den "Navigli", außerdem steht hier der gleichnamige Bahnhof. Im Zentrum befindet sich

eine riesige Skulptur von Claes Oldenburg und seiner Frau Coosje Van Bruggen, aus Stahl und Glasfaserkunststoff, welche “Die Nadel, das Garn und den Knoten” darstellt. In den Farben rot, grün und gelb, wie die U-Bahnlinien der Stadt, soll es eine Hommage an die Mailänder Arbeitsamkeit und deren Fleiß sein.

Basilika von San Simpliciano

Es ist eine der ersten Kirchen, die in Mailand erbaut wurden: Sie stammt aus dem 3. Jahrhundert n.Chr. und wurde auf einem heidnischen Friedhof errichtet, wie man an den Marmor- und Stuckresten, welche dort gefunden wurden, sehen kann. Von Sant'Ambrogio erwünscht und von San Simpliciano, seinem hier beerdigten Nachfolger fertiggestellt. Im Inneren sind die Reliquien der Heiligen Sisinio, Martirio und Alessandro aufbewahrt, dank deren Eingriff der Lombardische Bund im Jahre 1176 im Kampf von Legnano Federico Barbarossa (einige Episoden sind auf den Fenstern der Fassade dargestellt) besiegte. Im Laufe der Jahrhunderte wurde die Basilika einigen Veränderungen unterzogen, doch dank letzter Restaurierungsarbeiten wurden Teile der frühchristlichen Strukturen wieder ans Licht gebracht; somit erscheint die Kirche wieder in ihrem ursprünglichen romanischen Stil.

Kirche von Santa Maria Incoronata

Santa Maria Incoronata ist eine besondere, doppelte Kirche. Die Erste, auf der linken Seite, entspricht einer kleinen antiken restaurierten Kirche in spätgotischem Stil. Die Arbeiten wurden gemeinsam mit der Krönung von Francesco Sforza (1451) beendet, dem sie gewidmet ist. Neun Jahre später ließ Bianca Maria Visconti, Frau des Sforza, die Kirche auf der rechten Seite erbauen; sie ist nicht nur identisch, sondern mit der Linken in einer einzigen gesamten Kirche verbunden. Man wollte so öffentlich die Vereinigung der zwei Familien beweisen, die nicht mehr durch Kriege getrennt sind. Abgesehen von der besonderen architektonischen Schönheit befinden sich in ihrem Inneren diverse Werke großer Maler. Vor kurzem haben Restaurierungsarbeiten die antike humanistische Bibliothek wieder ans Licht gebracht.

Stadtaquarium
Dieses 1906 realisierte Aquarium ist eines der ältesten der Welt. Lange Restaurierungsarbeiten haben das Äußere wieder ans Licht gebracht. Die Fassaden sind reich an Ausschmückungen, während das Innere, mit 32 Becken, eine detaillierte Sicht des italienischen Süß- und Salzwasserlebensraums bietet. Am Ende des Rundgangs befindet sich ein großes Terrarium, in dem man zahlreiche versteckte Amphibien sehen kann

Denkmalsfriedhof

Dieser erhabene vom Architekten Carlo Maciachini entworfene Friedhof befindet sich in der Nähe des Stadtzentrums. Er wurde 1866 eröffnet und im Laufe der Jahre fanden hier viele klassische und zeitgenössische Skulpturen ihren Platz: griechische Tempel, Obelisken und andere originelle Werke, wie die reduzierte Fassung der Säule von Traiano. Der Friedhof ist ein Museum unter offenem Himmel und ist Zeuge der Ereignisse der Stadt und der Leben derjenigen, die ihre Geschichte bestimmten.

Von Sant'Ambrogio zum "Abendmahl"

Viertel D

Piazza Cordusio

Dieser gegen Ende des 19. Jahrhunderts realisierte Platz schenkte dem Viertel eine gewisse Regelmäßigkeit, und ist heute von diversen Geschäften und Finanzinstituten umgeben. Von hier kann man das beeindruckende Panorama des Doms auf der einen Seite und des Sforza Schlosses auf der anderen genießen.

Ansichten von Piazza Cordusio mit den typischen Straßenbahnen der Epoche

Piazza Affari

Dies ist der Mittelpunkt der Finanzen in Mailand; hier befindet sich der 1931 erbaute Börsenpalast. Die Fassade ist aus Travertin; im Inneren befindet sich der große Börsensaal.

Via Dante, diese Fußgängerzone mit herrschaftlichen Palästen ermöglicht einen angenehmen Spaziergang vom Dom zum Sforza Schloss

Pinakothek Ambrosiana

Die Pinakothek Ambrosiana wurde 1618 von Federico Borromeo erbaut, der auch seine private Gemäldesammlung widmete. Hier befinden sich einzigartige und wertvolle Meisterwerke italienischer und internationaler Kunst.
Die Pinakothek zählt heute über 1500 Werke, unter denen sich auch folgende sehr berühmte befinden: der *Musiker* von Leonardo, der *Obstkorb* von Caravaggio, das *Damenportrait* von Giovanni Ambrogio De Predis, die *Madonna* von Botticelli, die *Krippe* von Barocci, die *Anbetung der Drei Könige* von Tizian, die *Heilige Familie* von Luini, *Feuer und Wasser* von Brueghel und der große Karton von Raphael mit der *Schule von Athen*.
Die Mailänder Bibliothek gehört zur Pinakothek, und auch sie wurde von Borromeo im Jahre 1609 eingeweiht. In ihr befinden sich wichtige und seltene Handschriften, unter denen der weltberühmte *Atlantikkodex* von Leonardo.

Auf der anderen Seite: "Musikerportrait" von Leonardo Da Vinci

1 – "Obstkorb" von Caravaggio

2 – "Damenportrait" von Giovanni Ambrogio De Predis

Kirche von San Maurizio al Monastero Maggiore

Der Bau dieser wunderschönen Kirche begann 1503 im Inneren des Benediktinerklosters. Die schlichte Fassade aus grauem Stein steht in Kontrast zu den Ausschmückungen und dem Gold im Inneren. Sie ist in zwei Teile geteilt, einer für die Gläubigen und der andere für die Nonnen. Die Wände sind mit herrlichen Fresken versehen, an denen die wichtigsten Künstler des lombardischen 16. Jahrhunderts gearbeitet haben. Außerdem befindet sich hier eine sehr wertvolle Orgel aus dem Jahre 1554. Der Glockenturm der Kirche besteht aus einem quadratischen Turm, deren Fundamente die Reste der Struktur des romanischen Zirkus sind, der sich an dieser Stelle befand. In einem der zwei Kloster befindet sich das Archäologische Museum.

Kirche von San Sepolcro

Diese Kirche wurde im Jahre 1100 in der Gestalt der Heiligen Stätten in Jerusalem gegründet, wurde jedoch im Laufe der Jahrhunderte diversen Umarbeitungen unterzogen. Die Glockentürme wurden im 13. Jahrhundert hinzugefügt und die Fassade im 19. Jahrhundert wieder aufgebaut.Im Inneren sind zwei Statuengruppen aus Terrakotta aus dem 16. Jahrhundert aufbewahrt. Zu Zeiten der Römer befand sich der Platz an der Kreuzung der zwei Hauptstraßen (der "Cardo" und der "Decumano") und hier entsprang der Fluss Foro.

Kirche von Sant'Alessandro

Diese 1602 nach einem Entwurf von Lorenzo Birago erbaute Kirche ist eine der schönsten barocken Realisierungen der Stadt. In ihr befinden sich die bewundernswerten Gemälde von Camillo Procaccini und Daniele Crespi. Sie erhebt sich ganz in der Nähe der Via Torino, auf einem Platz, der, wenn auch wenig bekannt, einer der beeindruckendsten Orte des alten Mailands ist. Unversehene Epochenpaläste, die die Bombardierungen von 1943 überstanden haben, umgeben ihn herrschaftlich.

Kirche von Santa Maria delle Grazie

Kirche von Santa Maria delle Grazie

Diese Kirche wurde zwischen 1464 und 1482 nach einem Entwurf von Guiniforte Solari erbaut, wurde jedoch später wichtigen Veränderungen auf Wunsch von Ludovico il Moro unterzogen, der aus ihr ein Grabdenkmal für seine Familie machen wollte. So wurden renommierte Künstler gerufen, unter denen auch Bramante, welcher, von den neuen Richtlinien des Rinascimento inspiriert, die herrliche Tribüne, den Laubengang und die Alte Sakristei wieder aufbaute. Im Refektorium realisierte Leonardo Da Vinci eines der weltberühmten Kunstwerke: das *Letzte Abendmahl*. Seit 1980 gehören die Kirche und das Abendmahl zum UNESCO-Weltkulturerbe.

Das Abendmahl

Dieses allgemein als "Das Letzte Abendmahl" bekannte Gemälde wurde von Leonardo Da Vinci zur Zeit von Ludovico il Moro geschaffen, zwischen 1494 und 1498. Es ist das repräsentativste Werk Leonardos malerischen Schaffens. Er brauchte für seine Realisierung lange Zeit und wählte statt der alten traditionellen Freskentechnik die Seccotechnik, die wesentliche Überarbeitungen während der Ausführung ermöglichte. Es zeigt die Apostel und Jesus in dem Augenblick unmittelbar nachdem dieser ihnen erklärt hat, dass sich unter ihnen ein Verräter befindet. In diesem Gemälde kommt dank der Gesichtsausdrücke, der Gesten und der Haltung der Personen, die ganze Dramatik des Augenblicks zum Ausdruck. Die Anordnung der Figuren, mit Jesus in der Mitte und den Aposteln zu Gruppen von jeweils drei Figuren, wurde mit mathematischer Genauigkeit und einer großartigen Harmonie in der Komposition erstrebt; sein beeindruckender Realismus in der Darstellung der Erzählung stellt außerdem eine absolute Neuigkeit dar. Die von Leonardo benutzte Technik erwies sich jedoch sehr bald als Fehlgriff, da das Gemälde schon bald nach seiner Fertigstellung schwere Schäden durch feine Risse erlitt. 1943 überstand das Gemälde einen Bombenangriff, welcher einen Großteil des Speisesaals zerstörte. Das Abendmahl wurde bereits mehrfach restauriert; erst in jüngster Zeit fand die letzte Restaurierung im Jahre 1999 statt, durch die es, dank modernster Techniken, seine Helligkeit und unvorstellbare Farbenfrische wieder gewann.

1

National-Museum für Wissenschaft und Technik "Leonardo Da Vinci"

Dieses Museum befindet sich in einem alten olivetaner Kloster des 16. Jahrhunderts, im Herzen Mailands, und ist das größte technisch-wissenschaftliche Museum Italiens, mit seinen 40.000 m2 Fläche. Nach Leonardo Da Vinci benannt, welcher Kunst, Wissenschaft und Technik zu vereinen wusste. Mehr als 10.000 Gegenstände erzählen die wissenschaftliche und technische Entwicklung Italiens. Neben den Ausstellungsbereichen haben sich im Laufe der Jahre interaktive Labors (i.lab) entwickelt, die, dank einer informellen Erziehung, Schulen, Familien und das gesamte Publikum mit einbeziehen. Die Sammlungen und Labors sind in 6 Abteilungen geteilt: Materialien, Transporte, Energie, Kommunikation, "Leonardo Arte & Scienza" und "Nuove Frontiere". Seit 2005 hat das Museum seine Sammlungen durch die Ankunft des U-Boots S 506 Enrico Toti bereichert; sein Innenraum ist mit Hilfe eines technischen Animateurs zu besichtigen.

2

3

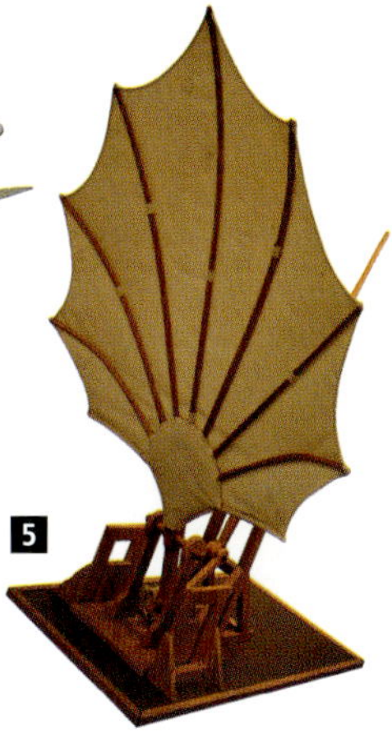

1 – Galerie Leonardo
2 – Säulensaal
3 – Eines der Kloster
4/5 – "Vite Aerea" und "Ala Battente" (Anhand von Leonardos Zeichnungen realisierte Modelle)

6 – Schiff-Schule Ebe
7 – Astrarium von Dondi
8 – Das Flugzeug Farman Landini

9 – Das U-Boot Enrico Toti

Basilika von Sant'Ambrogio

1

Es ist eine der schönsten romanischen Kirchen, die man sich vorstellen kann. Sie wurde zwischen 379 und 386 auf Wunsch des Bischofs der Stadt, Sant'Ambrogio, erbaut. Dieser wurde hier im Jahre 397 begraben, neben den Märtyrern San Gervaso und San Protasio.
So wie es der Mailänder Brauch will, ist sie aus Tonfliese. Ihre Vorhalle (Atrio di Ansperto) besteht aus sehr alten Kapitellen, die aus römischen Bauwerken stammen. Schlicht und faszinierend außen, von berühmten Künstlern (Tiepolo, Gaudenzio Ferrari, Legnanino) innen ausgeschmückt. Auf keinen Fall zu verpassen ist eine Besichtigung der zahlreichen hier aufbewahrten Kunstwerke und der antiken Schätze, unter denen der wertvolle goldene Altar von Vuolvinio, außergewöhnliches Werk der lombardischen Goldschmiedkunst des Mittelalters.

1 – Das große Mosaik der Abtei ist, so wie es heute erscheint, das Ergebnis zahlreicher Restaurierungen, welche eine genaue chronologische Stellung erschweren. Während die zentrale Gruppe des Christus einen spätbyzantinischen Ursprung verrät und aus dem 13. Jhd stammt, könnten die seitlichen Episoden sogar aus karolingischer Zeit stammen, d.h. aus dem 9. Jhd.

2

3

3 – Das Innere der Basilika

4

2 – Die Schlange von Moses, eine Bronzeskulptur, die im Inneren der Basilika auf einer Granitsäule steht. Früher dachte man es sei eine von Moses geschmiedete Skulptur, die sein Lager von den Schlangen der Wüste verteidigen sollte. Über die Statue gibt es viele Volksglauben, unter denen der des Weltuntergangs, welcher von der runterkommenden Schlange auf der Säule vorhergesagt wird

4 – Der "Sacello di San Vittore in Ciel d'oro" wurde im 4. Jahrhundert erbaut, noch vor der Basilika, und ist ein seltenes Zeugnis der frühchristlichen Zeit Mailands. Es wurde vom Bischof Materno erwünscht, um den Leichnam des Martyrers Vittore aufzubewahren. Laut Tradition, soll hier Ambrogio um das Jahr 375 den Leichnam des Bruders Satiro niedergelegt haben. Wunderschön ist das Mosaik aus dem 5. Jahrhundert, die älteste Darstellung, die man von Sant'Ambrogio kennt, und die durch seinen Realismus beeindruckt

Oben, der Altar von Vuolvinio aus dem 9. Jahrhundert; er wurde nach seinem Schaffer benannt und beinhaltet die Reliquien von Sant'Ambrogio, San Protasio und San Gervaso. In den Kassetten sieht man die Lebensgeschichten von Jesus und Sant'Ambrogio. Es ist eines der höchsten Meisterwerke der mittelalterlichen Goldschmiedekunst

Oben ein Detail vom "Stilicone" benannten Sarkophag; den Namen hat er von einem römischen General, der 408 n.Chr. gestorben ist und hier laut einiger Legenden beerdigt sein soll

Links die Säule des Teufels vor der Basilika. Es handelt sich um eine romanische Säule mit zwei Löchern: Laut Legende blieb der Teufel, während er Sant'Ambrogio davor hindern wollte weiterhin Bischof zu sein, mit seinen Hörnern in der Säule stecken. Bis zum nächsten Tag soll er dort stecken geblieben sein und sich dann durch eines der Löcher einen Weg zur Hölle gebahnt haben. Anscheinend riechen die Löcher nach Schwefel und man soll die Geräusche der Unterwelt vernehmen, wenn man ein Ohr an die Säule legt

Die Fassade der Kirche von Sant'Ambrogio blickt auf das "Atrio di Ansperto" und über ihr steigen zwei Glockentürme empor: Der Kleinere ist "dei Monaci" genannt und stammt aus dem 9. Jahrhundert; der Höhere ist "dei Canonici" genannt und wurde im 12. Jahrhundert erbaut

Kirche von San Vittore al Corpo

Diese frühchristliche Kirche wurde im 4. Jahrhundert auf den Resten des romanischen Mausoleums erbaut, wurde jedoch im 16. Jahrhundert einem kompletten Umbau unterzogen. Die Fassade erscheint einfach und linear, während das Innere komplex erscheint und sich durch ein reich verziertes Gewölbe auszeichnet.

Rechts die "Pusterla" von Sant'Ambrogio. Sie wurde 1939 errichtet, und sollte, dank der Benutzung von Originalmaterialien, eines der antiken Eingangstore der mittelalterlichen Stadtmauer nachahmen. Das Tabernakel mit den Heiligen Brogio, Gervasio und Protasio stammt aus dem 14. Jahrhundert

Viertel E

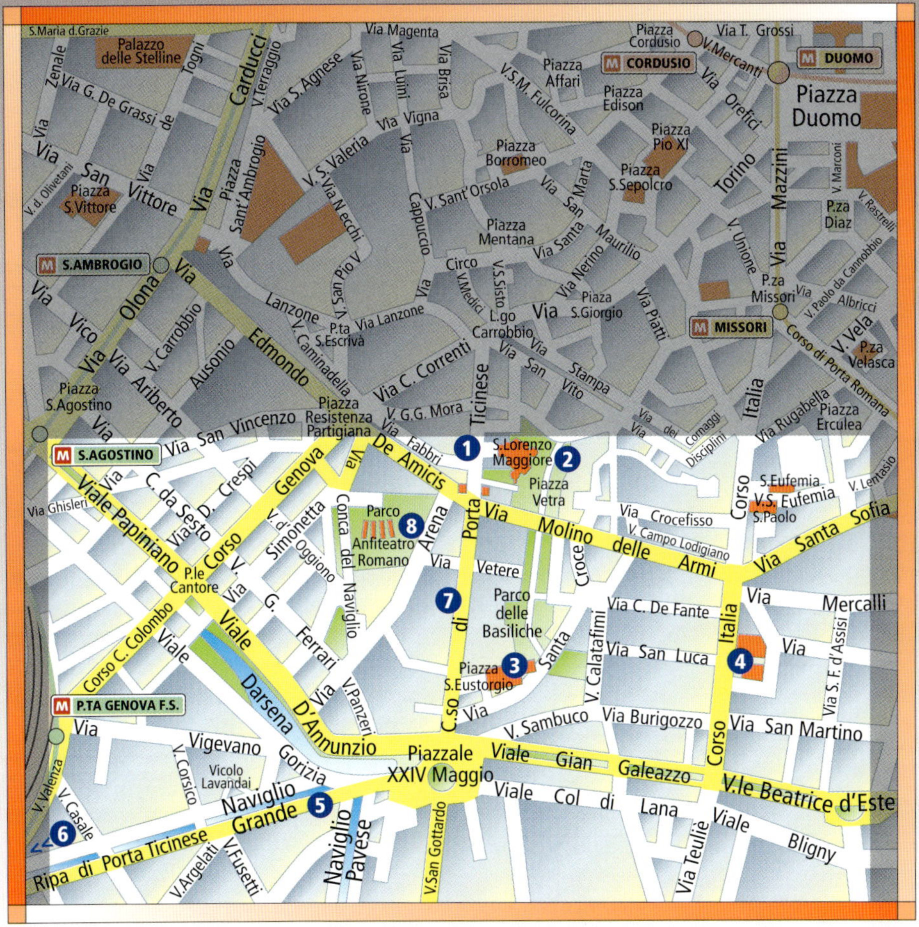
S.Maria d.Grazie
Palazzo delle Stelline
Via Magenta
Piazza Cordusio
Via T. Grossi
CORDUSIO
DUOMO
Piazza Duomo
Piazza Affari
Piazza Edison
V.S.M. Fulcorina
Via Orefici
V.Mercanti
Piazza Pio XI
Piazza Borromeo
Piazza S.Sepolcro
Torino
Mazzini
Carducci
Via S.Agnese
Via Nirone
Via Luini
Via Brisa
Via Vigna
Via G. De Grassi
Via S.Valeria
V.Terraggio
Togni
Zenale
V.d. Olivetani
Via San Vittore
Piazza S.Vittore
Piazza Sant'Ambrogio
Via N.Necchi
V. Sant'Orsola
Cappuccio
Piazza Mentana
Via San Maurilio
Via Santa Marta
S.AMBROGIO
Via Olona
Via Lanzone
P.ta S.Escrivà
Circo
V.Medici
V.S.Sisto
L.go Carrobbio
Via Nerino
Piazza S.Giorgio
Via Piatti
V. Unione
P.za Missori
MISSORI
V. Marconi
P.za Diaz
V. Rastrelli
Via Albricci
V. Paolo da Cannobbio
Corso di Porta Romana
V. Vela
P.za Velasca
Via Vico
Via Ariberto
V. Carrobbio
Ausonio
Edmondo
V. Caminadella
Via C. Correnti
Via San Vito
Via Stampa
Piazza S.Agostino
Piazza Resistenza Partigiana
V. G.G. Mora
Ticinese
Italia
Via Rugabella
Piazza Erculea
Via dei Disciplini
Comaggi
S.AGOSTINO
Via San Vincenzo
Via De Amicis
Via Fabbri
S.Lorenzo Maggiore
Piazza Vetra
S.Eufemia
V.S. Eufemia
S.Paolo
V. Lentasio
Via Ghisleri
Viale Papiniano
C. da Sesto
Via D. Crespi
Corso Genova
V.d' Oggiono
Simonetta
Conca del Naviglio
Parco Anfiteatro Romano
Via Arena
Porta
Via Molino delle Armi
Via Crocefisso
V. Campo Lodigiano
Via Santa Sofia
P.le Cantore
Via Vetere
Croce
Parco delle Basiliche
Via Mercalli
Via C. De Fante
Via San Luca
V.S. F. d'Assisi
Corso C. Colombo
Viale
Via G. Ferrari
V. Calatafimi
Piazza S.Eustorgio
Santa
Darsena
D'Annunzio
V.Panzeri
C.so di Porta
V. Sambuco
Via Burigozzo
Corso
Via San Martino
P.TA GENOVA F.S.
Via Vigevano
Gorizia
Piazzale XXIV Maggio
Viale Gian Galeazzo
V.le Beatrice d'Este
V. Corsico
Vicolo Lavandai
Naviglio Grande
Viale Col di Lana
Viale Bligny
V. Valenza
V. Casale
Ripa di Porta Ticinese
V.Argelati
V.Fusetti
Naviglio Pavese
V.San Gottardo
Via Teulié

Basilika von San Lorenzo Maggiore

Sie ist das wichtigste bis heute fast komplett erhaltene Zeugnis des frühchristlichen Mailands, trotz der zahlreichen Restaurierungen. Die ursprüngliche Anlage stammt aus dem 4. Jahrhundert, die Fassade aus dem 19. Jahrhundert, die majestätische Kuppel aus dem Jahre 1619 und ist die größte Mailands. Das Innere, heute

einfarbig und von extra angebrachten Lampen erhellt, war früher mehrfarbig und auf prunkvolle Art und Weise verziert. Zur Basilika gehören weitere Kapellen, wie die von Sant'Aquilino mit wertvollen Mosaiken aus dem 4. Jahrhundert auf dem Gewölbe. Vor der Basilika steht eine Statue des Kaisers Konstantin.

Säulen von San Lorenzo

16 mit korinthischen Kapitellen kannelierte Marmorsäulen, aus einem romanischen Tempel stammend, bilden die Vorderseite des großartigen vierseitigen Bogengangs der Basilika von San Lorenzo. Es ist einer der beliebtesten Orte der Mailänder wegen

der beeindruckenden Atmosphäre außerhalb jeglicher Zeit, die man hier spürt. Im Zentrum des Platzes steht eine bronzene Nachbildung der Statue des Kaisers Konstantin, von einem Original aus dem 4. Jahrhundert, welches in San Giovanni in Laterano in Rom steht.

UFFICIO VENDITE
FARMACIA

Piazza Vetra

Von hier kann man die Rückseite der Basilika von San Lorenzo bewundern, mit ihren Kapellen und Türmen. Früher gab es hier einen Kanal, es wurden auch Reste einer römischen Brücke aus dem 3. Jahrhundert gefunden. Seit Mitte des 9. Jahrhunderts ungefähr achthundert Jahre lang war dieser Platz dagegen Schauplatz von Hinrichtungen, und bewahrte somit lange Zeit den Ruf eines unheilvollen Ortes.

Basilika von Sant'Eustorgio

Dieser wichtige Denkmalskomplex ist einer der wichtigsten der Stadt und wurde im 4. Jahrhundert von Sant'Eustorgio gegründet. Im Inneren der Basilika sieht man zahlreiche 8-Eckige Sterne, die an die Drei Heiligen Könige erinnern: Laut einer Legende waren sie bis 1164 hier begraben, bis dann zu diesem Zeitpunkt ihre Leichnamen zu Federico Barbarossa gebracht wurden. Die angenommenen Reliquien wurden später im Jahre 1903 teilweise zurückgegeben und werden heute

in einer Urne in der Kapelle der Drei Könige aufbewahrt. Die Kirche ist reich an wertvollen Kunstwerken, unter denen die Fresken aus dem 3. Jahrhundert in der vierten Kapelle, und ist eines der bedeutendsten Bauwerke des lombardischen Rinascimento. Der Glockenturm aus dem Jahre 1190 ist der höchste (75 m) Mailands und der erste, der eine Uhr aus dem Jahre 1306 hat. Zu besichtigen sind das Museum und, hinter der Abtei, die Kapelle Portinari.

Kapelle Portinari

Sie befindet sich direkt neben der Basilika von Sant'Eustorgio und ist ein Schmuckstück der Architektur des Rinascimento. Sie stammt aus dem 15. Jahrhundert und zeichnet sich durch ein Verzierungssystem aus, welches zusammen mit der Architektur entworfen wurde. Wertvoll und innovativ sind die Verzierungen von Vincenzo Foppa: Sein Zyklus der Fresken, die dem Martyrer San Pietro gewidmet sind, konnte glücklicher Weise nach den letzten Restaurierungsarbeiten gerettet werden. Die zu Zeiten der Pest im Jahre 1630 unter 7 Stuck-Schichten versteckte Kuppel hat nun ihr herrliches ursprüngliches Gesicht zurückgewonnen. Man kann sie also in ihrer beeindruckenden Schönheit bewundern, und dies auch in ihrem glänzenden bunten Gewölbe. In der Mitte steht der Marmorbogen aus dem 4. Jahrhundert von Giovanni di Balduccio, in dem die Reliquien des Martyrers aufbewahrt werden.

Kirchen von San Celso und Santa Maria dei Miracoli

Laut Legende wurde die Kirche von San Celso (rechts auf dem Foto) dort errichtet, wo Sant'Ambrogio die Reste der Martyrer Nazario und Celso fand. Sie wurde im 4. Jahrhundert erbaut, um ein Bildnis der Madonna, welches sich dort befand, wo die Körper gefunden wurden, zu beschützen. Später wurde sie im 11. Jahrhundert in romanischen Formen wieder aufgebaut. Die große Anzahl an Gläubigen, die hierher kamen um das Bildnis anzubeten, brachte dazu die anliegende Basilika von

Santa Maria dei Miracoli (die Kirche links) zu errichten, ein majestätisches von Giangiacomo Dolcebuono Ende des 15. Jahrhunderts entworfenes Bauwerk, dessen Bau fast ein Jahrhundert anhielt. Vor dem Eingang befindet sich ein Bogengang und das Innere zeichnet sich durch eine vergoldete Kassettendecke, einen Candoglia-Marmorfußboden (der gleiche des Doms) und zahlreiche Fresken und Altartafeln von lombardischen Künstlern des Rinascimento und des Barocks aus, unter denen Crespi, Nuvolone, Antonio Campi, Bergognone und Gaudenzio Ferrari.

Die "Navigli"

Die Navigli wurden im 15. Jahrhundert auf Wunsch des Herzogs von Mailand Ludovico Sforza gebaut, um die Stadt über die Flüsse Ticino und Adda erreichen zu können. Diese Kanäle wurden mit einem Schleusensystem von Leonardo Da Vinci entworfen, um das Problem des Niveauunterschieds zu lösen und somit die Schifffahrt zu ermöglichen. Auf den Navigli wurden zahlreiche Waren transportiert, unter denen auch das Marmor aus Candoglia (in der Nähe des Lago Maggiore) zum Bau des Doms.

In der zweiten Hälfte des 19. Jahrhunderts verloren sie ihre Transportfunktion und die langsame Schifffahrt wurde von Straßenbahn und Zügen ersetzt. Heute beherbergt die Gegend der Navigli zahlreiche beliebte Lokale des Mailands by night, und besonders zur Sommerzeit ziehen die Navigli Touristen und Mailänder an, die die zeitlose Atmosphäre nahe des Stadtzentrums genießen.
Samstags ist immer Markt (Fiera di Sinigallia) und jeden letzten Sonntag im Monat findet hier ein Antiquitätenmarkt statt, den Liebhaber und Sammler antiker Gegenstände nicht verpassen sollten.

1

2

1 – *Brücke auf dem Naviglio Grande*

2 – *Darsena*

3 – *Naviglio Grande bei Sonnenuntergang*

4 – *Typische Lokale auf dem Naviglio Pavese*

5 – *Schleuse des Naviglio*

4

5

3

1

Kirche von San Cristoforo am Naviglio

In einem damals vorstädtischen Viertel, entlang des linken Flussufers vom Naviglio Grande, befindet sich die Kirche von San Cristoforo (Foto 1). Das Bauwerk besteht im Grunde aus zwei Kirchen: Die Ältere aus dem 13. Jahrhundert hat ein gotisches Portal und eine Rosette, die Mitte des 14. Jahrhunderts hinzugefügt wurden; die Neuere aus dem 15. Jahrhundert wird Herzogskapelle genannt. Das Bauwerk wurde errichtet, als die Bevölkerung ein Gelübde während der Pest von San Cristoforo (Schützer der Wanderer und der Reisenden) abgelegt hatte. Im Inneren kann man die Fresken der Schulen von Bergognone und Luini bewundern.

1 – Kirche von San Cristoforo sul Naviglio

2 – Die typische Gasse "Vicolo dei Lavandai"

3 – Naviglio Grande

3

2

Corso di Porta Ticinese

Dies ist eines der beliebtesten Viertel der Mailänder Movida: Es verbindet nämlich San Lorenzo und die Navigli. Reich an Geschäften und Lokalen, und mit der beeindruckenden Porta Ticinese als Hintergrund, wurde dieser Boulevard im Jahre 1800 in einem frühklassischen Stil auf Wunsch von Napoleon Bonaparte gebaut und dem Sieg von Marengo gewidmet.

Römisches Amphitheater

Das Mailänder Amphitheater (Foto oben), wurde außerhalb der Stadtmauer errichtet und stellte wegen seiner bemerkenswerten Maße eines der einflussreichsten Bauwerke der Stadt dar. Heute bleiben uns nur noch wenige sichtbare Ruinen erhalten, welche man im Park des Amphitheater und in der Via Conca del Naviglio besichtigen kann.

Dieses mittelalterliches Tor Porta Ticinese befand sich dicht an den Säulen von San Lorenzo. Es wurde 1171 errichtet, verdankt jedoch seine heutige Gestalt einem im 19. Jahrhundert stattgefundenen Umbau

Viertel F

Cavalcavia F. Bussa
Stazione Garibaldi
GARIBALDI F.S.
Via De Castillia
GIOIA
Centro Direzionale Garibaldi
Viale
Piazza S. Freud
Luigi Sturzo
Piazza Einaudi
Melchiorre
Viale della Liberazione
Gioia
V. Cardano
V. B. del Grillo
V. Cornalia
Via Gen. Fara
Filzi
Stazione Centrale
Piazza Luigi di Savoia
P.za Duca d'Aosta
CENTRALE
Via Bordoni
Via Cornalia
Via Gen. Fara
Via Adda
Via Filzi
Via Vittor Pisani
Via V. Lepetit
Macchi
Via Vitruvio
Mauro
Tenca
Piazza S. Camillo De Lellis
Via Capellini
Torriani
Via R. Boscovich
Settembrini
Settala
Corso Como
Via Rosales
De Cristoforis
Via Viviani
Viale Monte Grappa
Bastioni di Porta Nuova
Via Vespucci
Via Marco Polo
Via Galilei
V. Cartesio
REPUBBLICA
Viale Felice
Piazza Cincinnato
Lazzaretto
Via S. Gregorio
V. B. Marcello
Lecco
Tadino
Casati
C. Garibaldi
V. Milazzo
Via Marsala
Solferino
Marco
Castelfidardo
Porta Nuova
Piazzale Pr. Clotilde
Viale Monte Santo
Piazza della Repubblica
Appiani
REPUBBLICA
V. Manuzio
Via Zarotto
Via L. Palazzi
Tunisia
V.Fatebenesorelle
Via Parini
Via Porta
Via San Marco
V. Tarchetti
Via Turati
Manin
Viale Vittorio Veneto
Bastioni di Porta Venezia
Via Panfilo Castaldi
P.TA VENEZIA
Corso Venezia
V. Statuto
Via Solferino
Largo Treves
Piazza S. Angelo
L.go Donegani
Via Moscova
Giardini Pubblici
P.TA VENEZIA
Piazza Oberdan
Porta Venezia
Via Montebello
TURATI
Via Goito
V. Cernaia
Corso di Porta Nuova
V. M. De Marchi
Planetario
Viale
Piazza S. Marco
S. Marco
Via Fatebenefratelli
Via Pontaccio
Via Annunciata
Piazza Cavour
Via Palestro
Villa Reale
Via Fiori Chiari
V. Fiori Oscuri
Brera
Borgonuovo
Via dei Giardini
Via Manzoni
Via d. Spiga
Via Senato
Via Marina
Piazza Duse
PALESTRO
Majno
Piave

Kirche von Sant'Angelo

Diese Kirche wurde in der zweiten Hälfte des 16. Jahrhunderts erbaut, bis auf die Fassade, welche erst ein Jahrhundert später fertiggestellt wurde. Es ist eine der wenigen Kirchen in Mailand, die im Laufe der Zeit nicht umgebaut wurde und somit noch heute in ihrer barocken Gestalt zu bewundern ist. Das Innere ist reich an Verzierungen und in den gut bewahrten Seitenkapellen befinden sich Gemälde aus dem 16. und 17. Jahrhundert. (Foto 1)

3/4 – Die Bögen von Porta Nuova gehören zu einem 1162 erbauten Mauerring. Sie sind aus schwarzem und weißem Marmor und waren früher von Türmen und einem Marmortabernakel gesäumt, welches die Madonna mit Kind und Heiligen darstellt (1330-1339). Eingefügt in die Bögen befinden sich auch zwei römische Gedenktafeln aus dem 1. Jahrhundert n.Chr. (Foto 3)

2 – Palazzo Dugnani, großer Wohnsitz aus dem 17. Jahrhundert, bewahrt im Inneren Fresken von Tiepolo, Ferdinando Porta und der venezianischen Schule des 18. Jahrhunderts. Heute ist er Sitz des Kino-Museums

5 – Das "Cà Brutta" ist ein Werk des Architekten Giovanni Muzio aus dem Jahre 1918. Seine besondere Form strebt es an die historische Tradition mit der modernen Innovation in einem funktionellen Ganzen zu verbinden. Das Unternehmen wurde jedoch von den Leuten nicht verstanden; aus diesem Grund wurde es sofort "Cà Brutta" (hässliches Haus) benannt

Königliche Villa

Sie wurde zwischen 1790 und 1793 vom Architekten Leopoldo Pollack auf Wunsch des Grafen Lodovico Barbiano di Belgiojoso errichtet und später von der zisalpinischen Republik erstanden, die sie als Hommage an Napoleon betrachtete. Später wurde sie Wohnsitz des Vizekönigs Eugenio Beauharnais und dann des

Generals Radetzky. Sie stellt eines der wichtigsten Zeugnisse des frühklassischen Stils in Mailand dar. Besonders schön ist die hintere Fassade, welche auf den herrlichen englischen Garten geht. Das Innere ist reich an Fresken, Skulpturen, Möbelstücken und diversen Gegenständen und ist heute Sitz der Galerie für Moderne Kunst.

Kirche von San Marco

Das Bauwerk stammt aus dem Jahre 1199, und wurde nach San Marco benannt aus Dankbarkeit gegenüber den Venezianern, die den Mailändern geholfen haben die Stadt nach den Kämpfen gegen Federico Barbarossa wieder aufzubauen. 1250 wurde die Kirche wieder aufgebaut, mit einer gotischen Anlage, aber auch Zeugnissen aus diversen Epochen: Der Glockenturm stammt aus dem 13. Jahrhundert und die gotische Fassade hat noch einige Skulpturen aus dem 14. Jahrhundert bewahrt, während die Kapellen auf der rechten Seite aus dem 16.-17. Jahrhundert stammen. Das barocke Innere ist durch wunderschöne Fresken verziert. Im Pfarrhaus der Kirche wohnte Mozart (1770) und im Jahre 1874 wurde hier zum ersten Mal die Requiemmesse gespielt, von Giuseppe Verdi dirigiert und in Erinnerung an den Schriftsteller Alessandro Manzoni.

Hauptbahnhof

Es ist einer der wichtigsten und großartigsten Bahnhöfe Europas. Er wurde 1912 von Ulisse Stacchini entworfen, sein Bau begann jedoch erst 1926, um schließlich 1932 fertiggestellt zu werden. Es ist ein typisches Bauwerk des faschistischen Regimes, mit einem riesigen Hauptteil und seinen 207 m Länge.
Das Bauwerk ist aus Stein und Marmor und ist eine Mischung aus diversen Stilen, besonders dem Liberty und dem Art Deco.

Wolkenkratzer Pirelli

Er wird allseits "Pirellone" genannt, weil er auf dem Bauland der ersten Pirelli-Fabrik errichtet wurde. Mit seinen 127 m Höhe ist er der zweitgrößte Wolkenkratzer Italiens, nach dem Telecom-Turm in Neapel (129 m). Er wurde vom Architekten Gio Ponti entworfen und zwischen 1956 und 1961 gebaut. Er beherbergt die Büros der Region Lombardei.

Mailand und Umgebung

Abtei von Chiaravalle

Dieses wichtige Zisterzienserkloster befindet sich in der Umgebung Mailands (5 km von der Stadt entfernt in Richtung Süd-Osten). Es wurde im Jahre 1135 von San Bernardo di Clairvaux erbaut, von dem auch der heutige italienisierte Name stammt. In einer sumpfigen Gegen errichtet, von Mönchen urbar gemacht, wurde es zu einem der wichtigsten künstlerischen und religiösen Zentren der Epoche. Der prächtige und lineare Turm stammt aus dem Jahre 1347 und ist aus rotem Backstein, der in Kontrast zu den weißen Bögen steht. Das dreischiffige Innere ist mit Fresken toskanischer Künstler aus dem 14. Jahrhundert verziert (der Zyklus der Geschichten der Jungfrau). Weitere Werke stammen von den Flamen (16. und 17. Jahrhundert). Außerdem ist ein hölzerner Chor aus dem 17. Jahrhundert vom großen Holzschnitzer Carlo Garavaglia zu bewundern; eine Legende erzählt, er hätte sich hier versteckt und dieses herrliche Werk geschnitzt um die Schuld des Brudermordes zu büßen. Neben der Kirche befindet sich der antike Friedhof und ein Teil des gotischen Klosters aus dem 13. Jahrhundert, auf welches der Speisesaal (14. Jahrhundert) und der Kapitulariensaal blickt.

Certosa von Garegnano

Sie befindet sich am Stadtrand Mailands, in einer Gegend, wo früher nur Land war, um den Mönchen ein Leben in Ruhe und Stille zu ermöglichen. Sie wurde 1349 von Giovanni Visconti gegründet und wurde zur Raststätte für Wanderer, Pilger und berühmte Persönlichkeiten, wie der Dichter und Humanist Francesco Petrarca, der das Kloster häufig mit den Worten "schön und edel" in seinen Werken zitiert. Heute besteht der Komplex aus der Kirche von Santa Maria Assunta mit einer von Verzierungen, Flachreliefs und Statuen ausgeschmückten Fassade, zwei Höfen,

dem Kloster, welches die Kammern der Mönche beherbergte, dem Speisesaal und dem Kapitulariensaal. Anliegend befinden sich die Ställe, der Ofen, die Backstube, der Kelter, usw. Die Certosa ist jedoch berühmt für ihre wertvollen Fresken, echte Meisterwerke aus dem 16. und 17. Jahrhundert von Simone Peterzano, welcher als Meister von Caravaggio und Daniele Crespi berühmt wurde. Der Kapitulariensaal bewahrt im Gewölbe eine wunderschöne von Bernardo Zenale erschaffene Freske mit San Michele.

Teatro degli Arcimboldi

Dieses Theater wurde von Vittorio Gregoretti entworfen, 2002 eingeweiht, und verfügt über 2.400 Plätze. Es handelt sich um eine exklusive Struktur in Mailand, auch wegen der innovativen Bau-, Akustik und Sichtkriterien. Die Bühnenmaße ähneln denen der Scala, so dass die Bühnenbilder leicht ausgewechselt werden können. Es befindet sich im Bicocca Viertel, zwischen Stadtzentrum und Stadtrand, und ist somit von der Stadt, aber auch vom Hinterland leicht erreichbar. (Foto rechts)

Bovisa Viertel

Bovisa ist ein alter historischer Stadtteil am nördlichen Stadtrand Mailands, ein Industriegebiet mit vielen Fabrikgebäuden, die Ende der Siebziger Jahre nach und nach geschlossen wurden und somit entstand aus dem Viertel eine Einöde.

Die Aufwertung begann in den Achtziger Jahren mit dem Bau des Politecnico (Foto links) und mit einem der bedeutendsten Universitätsviertel Italiens. Heute wird das Viertel täglich von über 200.000 Personen besichtigt und ist zum Symbol des wieder auferstandenen Stadtrandes geworden. Hier finden nun zahlreiche Ereignisse statt und Künstler eröffnen hier ihre Studios. Seit 2006 ist es Sitz der "Triennale Bovisa", ein Ort für Zeitgenössische Kunst und Avantgarde.

Mailänder Messe (Fieramilano)

Das neue Ausstellungsviertel Mailands wurde 2005 in Rho eingeweiht. "Fieramilano" ist einer der modernsten und funktionellsten internationalen Ausstellungsorte. In weniger als drei Jahren wurde das innovative Projekt des Architekten Massimiliano Fuksas zur Avantgarde für wichtige internationale Events.

Das Viertel hat eine Spitzenstellung in der flexiblen Nutzung, der Ästhetik, dem Komfort, den technologischen Einrichtungen und der maximalen Platzanwendbarkeit. Es sind insgesamt acht Pavillons für eine Ausstellungsfläche von insgesamt 345.000 m2, zu denen noch 60.000 m2 nicht überdachte Ausstellungsfläche hinzukommen. Architektonisch zeichnet sich der gesamte Komplex durch das "Segel" aus, eine Struktur aus Glas und Stahl, die 1.300 m lang, 32 m breit und 23 m hoch ist.

1 **Museum des San Siro Stadions**

Das für Fußballliebhaber nicht zu verpassende Museum von San Siro ist das Einzige in Italien im Inneren eines Stadions. Hier werden die Geschichten der zwei Mailänder Mannschaften ins Gedächtnis zurückgerufen, Inter und Milan und dies anhand einer Reihe von einzigartigen Erinnerungsstücken,

San Siro Stadion "Giuseppe Meazza"

Es wurde 1926 eingeweiht und nach dem Namen des Viertels benannt. Hier spielen die beiden Mailänder Mannschaften: Inter und Milan. Es wurde nach Giuseppe Meazza, dem historischen Kapitän von Inter und Weltmeister mit der italienischen Nationalmannschaft im Jahre 1934 und 1938, benannt.
Es verfügt über 86.000 bedeckte Sitzplätze. Das von vielen als das schönste Stadion Europas bezeichnete San Siro hat auch einen Spitznamen: "Die Scala des Fußballs".

Umkleidekabinen von Inter (Foto 1)
und Milan (Foto 2), im Museum San Siro zu besichtigen

wie Pokalen, Trophäen, Fußbällen, Schuhen und diversen anderen Gegenständen, die zur Fußballlegende gehören, wie z.B. Trikots von Pelè, Maradona, Zidane, Cruijff. Nicht zu verpassen ist der Saal mit den Statuen der beliebtesten Champions: von Mazzola zu Rivera, von Matthäus bis Van Basten, von Rummenigge zu Gullit und viele Andere.

2

Leonardos Pferd

Es ist das größte Reiterstandbild der Welt und wurde von Leonardo Da Vinci entworfen, der jedoch nur ein Tonmodell anfertigen konnte. Charles Dent, ein amerikanischer Pilot, versuchte Leonardos Modell 1977 zu realisieren, aber die

mangelnden Gelder erlaubten ihm nicht das Werk fertigzustellen. Dies geschah erst 1999 durch die amerikanische Bildhauerin Nina Akamu. Die riesige Statue befindet sich am Eingang der Pferderennbahn von San Siro.

Photo Gallery

Enrico Aretini

Teilansicht des Piazza del Duomo

Sant'Ambrogio

Das Leonardo-Pferd

Abtei der Kirche von Santa Maria delle Grazie

Pittoreske Teilansicht des Brera Viertels

San Lorenzo

Endlich auf Piazza del Duomo

Die Türme von Sant'Ambrogio

Sforza Schloss

"Naviglio Grande"

Einsamer Sonnenuntergang auf den Domspitzen

Der Pirellone

Casa degli Omenoni (Via degli Omenoni)

Sonnenuntergang auf dem Naviglio grande

Piazza San Babila

Sonnenuntergang auf der Kuppel von San Lorenzo

Kapelle Portinari (Basilika von Sant'Eustorgio)

Domspitzen

Konstantin überragt die Säulen von San Lorenzo

"Nadel und Garn" auf Piazza Cadorna

Auf der Spitze des Doms

Largo Cairoli mit Garibaldi und das Sforza Schloss

Gegen Abend auf Corso Vittorio Emanuele II

Das Segel von Fuksas bei der Messe in Rho

Galerie Vittorio Emanuele II

Geschäftsmänner auf Piazza San Babila

Piazza Missori

Die Springbrunnen des Sforza Schlosses

Napoleon im Zentrum des Brera Palastes

Überraschender Anblick vor der Missori-Boutique:
Oben am Himmel überragt der Velasca Turm die Häuser

Die Domspitzen

Säulen von San Lorenzo

Blick auf die Kapelle Portinari und den Glockenturm von Sant'Eustorgio
Park der Basiliken

Piazza del Duomo

Schlange von Moses (Sant'Ambrogio)

Straßenbahn auf Piazza Cordusio

Typisches Fenster im Dom

Plastische Posen am Hauptbahnhof

Galerie Vittorio Emanuele II

Die Springbrunnen des Sforza Schlosses

Der "Disco" von Arnaldo Pomodoro

Nützliche Telefonnummern

Sicherheit

Carabinieri 112
Staatspolizei 113
Städtische Polizei 02.77271
Zollbehörde und Finanzwache 117
Feuerwehr 115

Transporte

Flughafen Milano Malpensa und Linate 02.74852200
Flughafen Orio al Serio Bergamo 035.326323

Die wichtigsten Fluggesellschaften

Aeroflot 02.66986985
Alitalia 06.2222
Air Canada 800.71779887
Air France 848.884466
Air China 02.8051666
Air One 199.207080
Continental 02.69633256
British Airways 199.712266
Japan Airlines 848.874700
Iberia 199.101191
Lufthansa 199.400044
US Airways 848.813177
Emirates 06.54220213

Bahnhöfe

Hauptbahnhof - Piazza Duca d'Aosta 892021
Porta Garibaldi - Piazza Sigmund Freud 892021
Ferrovie Nord - Stazione Cadorna 199.151152

ATM - Mailänder Öffentliche Verkehrsmittel 800.808181
Radiobus 02.48034803
Taxi .... 02.8585 - 02.4040 - 02.6969

Gesundheit

Krankenwagen 118
Notdienst-Apotheken 800.801185
Ärztlicher Notdienst 02.345.67

Museen, Denkmale und Sehenswürdigkeiten der Stadt

Stadtaquarium, *V.le Gadio 2* 02.88465750
Abendmahl von Leonardo, *P.za Santa Maria d. Grazie* 02.89421146
Stiftung Antonio Mazzotta 02.878197
Stiftung Arnaldo Pomodoro, *V. Solari 35* 02.89075394
Museen des Sforza Schlosses, *P.za Castello 3* 02.88463700
Museum Bagatti Valsecchi, *V. Santo Spirito 10* 02.76006132
Stadtmuseum der Naturgeschichte, *C.so Venezia 55* . 02.88463280
Kinomuseum, *V. Manin 2/B - Pal. Dugnani* 02.6554977
Kinder- und Spielzeugmuseum, *V. Pitteri 56* 02.26411585
Museum des Risorgimento, *V. Borgonuovo 23* 02.88464173
Museum Inter und Milan
V. Piccolomini 5 - Stadio San Siro, ingresso 14 .... 02.4042432
Museum der Basilika von Sant'Ambrogio
P.za Sant'Ambrogio 15 .... 02.86450895
Mailänder Museum, *V. Sant'Andrea 6* 02.88465933
Museum von Sant'Eustorgio und Kapelle Portinari
P.za Sant'Eustorgio 1 .... 02.58101583
Diözesanmuseum, *C.so Porta Ticinese 95* 02.89404728
Museum der Stiftung Minguzzi, *V. Palermo 11* 02.36565441
Museum der Stiftung Treccani, *V. Porta 5* 02.6572627
Museum Manzoni, *V. Morone 1* 02.86460403
National-Museum der Wissenschaft und Technik ....
"Leonardo Da Vinci", *V. San Vittore 21* 02.485551
Museum Poldi Pezzoli, *V. Manzoni 12* 02.796334
PAC – Pavillon für Zeitgenössische Kunst
V. Palestro 14 .... 02.76020400
Königlicher Palast und Museum für Zeitgenössische Kunst
P.za Duomo 12 .... 02.72524301
Pinakothek Ambrosiana, *P.za Pio XI 2* 02.806921
Pinakothek von Brera, *V. Brera 28* 02.722631
Planetarium Hoepli, *C.so Venezia 57* 02.88463340
Società Belle Arti Permanente, *V. Turati 34* 02.6599803
Das Scala Theater, *P.za della Scala* 02.72003744
Teatro degli Arcimboldi
Quartiere Bicocca, V.le dell'Innovazione 1 .... 02.641142200
Triennale Bovisa, *V. Lambruschini 31* 02.36577801
Mailänder Triennale, *V.le Alemagna, 6* 02.724341
"Veneranda Fabbrica del Duomo", *V. Arcivescovado 1* . 02.860358
Königliche Villa und Museum für Moderne Kunst,
V. Palestro 16 .... 02.76002819

Kirchen

Dom .... *Piazza del Duomo*
San Babila .... *Piazza San Babila*
San Carlo al Corso .... *Piazza San Carlo (C.so Vitt Emanuele II)*
San Cristoforo sul Naviglio .... *Via San Cristoforo, 3*
San Fedele .... *Piazza San Fedele*
San Gottardo .... *Via Francesco Pecorari, 2*
San Lorenzo Maggiore .... *Corso di Porta Ticinese, 39*
San Marco .... *Via San Marco, 2*
San Maurizio al Monastero Maggiore .... *Corso Magenta, 15*
San Nazaro Maggiore .... *Piazza San Nazaro in Brolo*
San Pietro in Gessate .... *Via San Pietro in Gessate*
San Sebastiano .... *Via Torino, 28*
San Sepolcro .... *Piazza San Sepolcro*
San Simpliciano .... *Piazza San Simpliciano*
San Vittore al Corpo .... *Piazza San Vittore*
Sant'Alessandro .... *Piazza Sant'Alessandro*
Sant'Ambrogio .... *Piazza Sant'Ambrogio*
Sant'Angelo .... *Piazza Sant'Angelo*
Sant'Eustorgio .... *Piazza Sant'Eustorgio*
Santa Maria dei Miracoli presso San Celso .... *Corso Italia, 37*
Santa Maria della Passione .... *Via Conservatorio*
Santa Maria delle Grazie .... *Piazza Santa Maria delle Grazie*
Santa Maria Incoronata .... *Corso Giuseppe Garibaldi, 116*
Santa Maria presso San Satiro .... *Via Torino, 19*
Certosa von Garegnano .... *Via Garegnano, 32*

Museen und Denkmale der Umgebung Mailands

Abtei von Chiaravalle .. *Via S. Arialdo, 102 - Milano - 02-57403404*
Abtei von Mirasole .... *Opera (MI) - 02.55038311*
Abtei von Viboldone .. *San Giuliano Milanese (MI) - 02.9841203*

Messen und Business

Palazzo della Borsa .... *Piazza Affari, 6 - 02.802871*
Fiera Milano .... *Rho (MI) - 02.49971*

Internet

Die Stadt Mailand .... www.comune.milano.it
Die Provinz Lombardei .... www. regione.lombardia.it
Flughafen Malpensa und Linate .... www.sea-aeroportimilano.it
Flughafen Orio al Serio .... www.sacbo.it
Mailänder Messe .... www.fieramilano.it

Wir bedanken uns bei:
"Beni Culturali" für das Abendmahl von Leonardo Da Vinci
Mailänder Messe
Museen im Mailänder Schloss "Castello Sforzesco"
Museum für Wissenschaft und Technik "Leonardo Da Vinci"
Museum von Sant'Ambrogio
Museum von Sant'Eustorgio und Kapelle Portinari
Museum Inter-Milan, San Siro Stadion
Museum Poldi-Pezzoli
Pinakothek Ambrosiana
Pinakothek Brera

aRos
comunicazione
Turin
aros.comunicazione@tin.it

Fotos
Enrico Aretini

Redaktion
Patrizia Rosso

Übersetzung
Laura Majer

Druck
Stige S.p.a.
San Mauro Torinese (TO)
www.stige.it
Printed in Italy: 2011

ISBN: 978-88-904807-0-6